道氏理论

经典版

（美）罗伯特·雷亚（Robert Rhea）/ 著

李文道 / 译

海天出版社（中国·深圳）

图书在版编目（CIP）数据

道氏理论：经典版 /（美）雷亚（Rhea, R.）著；
李文道译. — 深圳：海天出版社，2015.9
（罗宾金融交易培训文库）
ISBN 978-7-5507-1372-7

Ⅰ. ①道… Ⅱ. ①雷… ②李… Ⅲ. ①股票投资—研
究 Ⅳ. ①F830.91

中国版本图书馆CIP数据核字(2015)第094850号

道氏理论：经典版
DAOSHI LILUN : JINGDIAN BAN

出 品 人	聂雄前
责任编辑	张绪华
责任技编	梁立新
封面设计	元明·设计

出版发行　海天出版社
地　　址　深圳市彩田南路海天综合大厦7-8层（518033）
网　　址　www.htph.com.cn
订购电话　0755-83460202（批发）　83460239（邮购）
设计制作　深圳市线艺形象设计有限公司　　0755-83460339
印　　刷　深圳市希望印务有限公司
开　　本　787mm×1092mm　1/16
印　　张　14.25
字　　数　130千
版　　次　2015年9月第1版
印　　次　2015年9月第1次
定　　价　36.00元

　　大家经常所说的道氏理论，事实上是已经去世的查尔斯·
H.道和威廉·彼得·汉密尔顿一起对市场进行研究之后的结果。

　　查尔斯·道是道·琼斯公司的创造者之一，道·琼斯公司在
全美国的范围内提供金融新闻服务。同时查尔斯·道还是《华尔
街日报》的所有者之一，而且也是《华尔街日报》的编辑。

　　汉密尔顿于1929年去世，去世之前的20年，他一直是《华
尔街日报》中一名杰出的编辑。

　　很早的时候，汉密尔顿是一名记者，而那时，他和查尔斯·
道是关系非常密切的朋友。

　　早在30年前，查尔斯·道就提出了一个非常新奇的魔法一
般的理论：市场整体趋势的变化一定总是隐藏在每只股票的价
格运动的背后。在那以前，大家对这个问题的看法是股市中个
股的价格运动之间是没有任何联系的；而是根据它们的上市公
司的情况，和交易者们对市场的态度决定的。

汉密尔顿推广了他称之为道氏理论的内容。汉密尔顿的观点是：股市是经济状况的晴雨表，它能表现其自身今后的发展趋势。汉密尔顿表现出了他研究该晴雨表的能力，经常将他对股市的见解，以"股市价格运动"为专题，发表在《华尔街日报》上。

查尔斯·道自己对道氏理论的阐述，只能于1900到1902年之间，他在《华尔街日报》中所写的一些评论文章中看到。

1922年，汉密尔顿出版了《股市晴雨表》这本著作。汉密尔顿的理论核心就是这本书以及他在《华尔街日报》中发表的大量评论文章。

雷亚先生经过仔细探究查尔斯·道和汉密尔顿的文章（共计252篇）后，写出了本书。本书阐述了道氏理论的内容，使道氏理论能为广大交易者服务，其意义深远，贡献杰出。

　　笔者认为，道氏理论是迄今为止唯一能预测股票市场价格运动的合理的正确的方法，这是笔者下决心撰写这本道氏理论书籍的理由。

　　笔者因病卧床很多年了，所以有了别人很难拥有的机会，可以去学习并且做一些研究。如果不去好好利用这个独特的机会，同时把它看成是对幸运者才能有的奖赏的话，活着就没有任何的意义了。

　　这10年的时间里，我每一项商务都是卧床进行的，而对经济进行研究是我唯一的消遣，特别对经济趋势和股市的趋势进行研究。可能是道氏理论的原因，或者是运气使然，1921年的时候我买入了一些股票，而在1929年的时候我卖出了全部股票。而当1929年最后股市暴涨的时候，我保持空仓。可能是因为道氏理论或者是我的运气，在1929年股灾后的两年里，我持有着较少比例的空头头寸。很明显，我的研究回报了我。假如我能在仔细研究道氏理论的时候，可以阐述道氏理论，或许这样可以帮助其他交易者，这也是我的愿望。

为了便于我、我的朋友们和那些仔细探究市场的交易者的使用，我绘制了一套道·琼斯平均价格指数行情图，在图中还记录了纽约股票交易所的日成交量。较少地印刷这套行情图，成本会比较昂贵，因此我进行了大量印刷，用来销售。销售的结果非常好。我在行情图的前言里，对道氏理论和《华尔街日报》的编辑威廉·彼得·汉密尔顿的文章进行了评论。这些评论竟然带来了不可思议的结果，我收到了500多封信，来信的目的都是向我询问相关内容的。因此，这本书就是因那些来信而写的，希望读者阅读这本书之后，读者可以从我对道氏理论的研究成果中得到帮助。现在，来信的人中有很多人已经和我成为好友了。

　　本书的用词和排版可能会被批评，这是避免不了的，另外也无法避免本书的内容会被很多人否定。可是那些可以理解作者能力是有局限的人，将能够在本书里发现一些对将来的交易有帮助的内容。这本书正是我为他们所写的研究体会。

　　在此，非常诚恳地感谢休·班克罗夫特先生为这本书所写的序言，他正是《华尔街日报》和《巴伦周刊》的经营者，也感谢他能允许这本书使用道·琼斯平均价格指数，以及《华尔街日报》和《巴伦周刊》所刊登过的全部资料。

CONTENTS
目 录 道/氏/理/论

I

第 1 章
道氏理论的演变

道 / 氏 / 理 / 论

查尔斯·道是美国最著名的资讯公司——道·琼斯公司的创办者，同时他也是《华尔街日报》的所有者之一。1902年，他永远地离开了我们。他生前一直在《华尔街日报》里做编辑的工作。在他与世长辞的前几年中，他发表了一些关于在股市进行投机的文章。这些文章就是他本人留给后人唯一还存在的关于研究股市规律的记录。这些研究记录，都是以包含铁路股和工业股的平均价格指数运动为基础的。

查尔斯·H.道
（1851—1902）

查尔斯·道并没将他研究市场的方法叫作道氏理论。道氏理论的第一次被提出是在查尔斯·道先生的挚友萨谬尔·A.尼尔森于 1902 年出版的《股票投机原理》这部著作中。尼尔森尝试在这本书中第一次在运用方面来阐述道氏理论。

现在很多通过交易赚到钱的人都在使用道·琼斯铁路股和工业股平均价格指数对股价甚至经济状况进行研究，并且认为这个指数是迄今为止最值得参考的。他们一般是将参考平均指数预测判断股市趋势的分析法叫作道氏理论。

起初，道·琼斯公司还只用一种平均指数计算，一直到 1897 年年初，才分开为铁路股和工业股两种平均指数。而在查尔斯·道发表关于股市的评论的时候，两种平均指数的记录仅有 5 年。而他竟然能通过在这么短时间的行情记录里，探究市场奥秘，创造出市场价格运动的基本原理，实在是太伟大了。查尔斯·道先生创造的理论，在他去世之后的 28 年里被大量的实际情况证明了其有效性，除了一小部分错误的结论。

威廉·彼得·汉密尔顿是查尔斯·道的助理，他曾经发表过很多关于预测股市的文章，通过这种方式来继续探究和解释道氏理论。同时，他还更加完善了道氏理论。综合来看，汉密尔顿对股市的判断是正确的，直到他去世之前，他的文章一直是读者购买《华尔街日报》的理由之一。

著名的《股市晴雨表》在 1922 年的时候面世，它的作者就是汉密尔顿。由于书不像报纸那样，被篇幅所限制，所以在能够畅所欲言的《股市晴雨表》，他更为具体地阐述了道氏理论的很多细节。这本著作现在已经不出版了，而它刚刚出版的时候，遭到了很多反对的意见。到现在，各种财经栏目还受到它的影响。一些自认为有本事的专业人士，根据统计数据进行复杂的计算之后，可以完全正确地判断市场的方向，所以他们认为道氏理论是没用的。这也就是这本书为什么会遭到反对意见。而那些所谓的专业人士，基本不知道道氏理论的核心思想，更不了解它的实用价值。

1902 年以后，汽车改造的里程碑与道氏理论的里程碑在一定程度上是一样的。汽车方面：1902 年后，发动机的性能改善了，有了可更换的辋、汽车用电灯，同时还出现了自动点火系统，而且还有其他的一些改造，使汽车成为大家安全、快速、方便的交通和运输工具。而道氏理论方面：一样是在 1902 年至 1929

1889 年 7 月 8 日出版的《华尔街日报》（The Wall Street Journal）。1896 年，道·琼斯工业平均指数开始每日发布。

年，汉密尔顿检测并完善了道氏理论。因为那个时候可以找到更多的平均指数运动的数据，所以汉密尔顿为大家找到一种有着准确解释并且可信的办法，这种方法可以使我们能够更加准确地判断股市的方向和经济状况的发展。

根据历史很多的价格运动数据记录，汇集起来，之后得到一种指数，以此来准确地判断将来的方向，不一定是一件很崇高的事情。这样的问题是，因为这些数据是以往发生的，所以就要作出一个假定，假定以前发生过的事情会经常不停地发生。这也表明，如果人们愿意认可这种平均价格指数，那么这种平均价格指数一定是得到市场长期大量的检测的。而道氏理论通过了检测。

道氏理论是一个能够进行自我检测和判断的理论。它的正确性已经在超过30年的市场行情中被检测成功。这么说是因为，汉密尔顿在这么多年的时间内，一直运用道氏理论在《华尔街日报》判断市场趋势，结果非常正确。美中不足的一点是，心胸宽广、谦虚待人的汉密尔顿，并没把他那些使用道氏理论来准确判断市场的文章进行整理后再次出版。

在本书中，作者尝试总结整理道氏理论，并制成手册，希望能够帮助到运用道氏理论进行交易的交易者。本书作者自己的论点和想法在书中很少。汉密尔顿关于平均指数的全部文章，都被仔细收集和探究。同时在本书里，为了方便读者，尽可能不更改汉密尔顿的话。因此这本书也是一本对汉密尔顿的文章集中再版的作品。本书中所有选用的文章，全都来自《华尔街日报》和《巴伦周刊》，除了个别有特殊说明的。

　　道氏理论的有效程度随着时光的流逝而增加。相比之下，查尔斯·道仅有几年时间的数据资料，而当今的交易者已有35年的数据了，一定可以在更多方面进行探究。同理，20年之后的交易者也一定能比当今的交易者得到更多资源。查尔斯·道一直尽量不对股市给出肯定的判断，造成他这么小心的原因可能是因为他对自己方法的有效性不确定，就是因为手中的数据太少了。时光不断地流逝，汉密尔顿使用道氏理论的成功率一直在增加。但是，1926年时，汉密尔顿也有过一次重大的失误，这件事情在后面会细说。但这次失误也恰恰说明道氏理论并非万能的。实际上，每次汉密尔顿在正确判断趋势之后，就会向大家说，道氏理论也会判断错误，它并不是百分之百正确的。

　　道氏理论的思想都是从实践中得来的，而且其思想也不复杂，全都是从对道·琼斯平均指数进行深入探究得来的。1900年至1902年，查尔斯·道在《华尔街日报》上写过一些以投机为话题的令人耳目一新的文章，此外并没有对他的理论进行过明确的整理和解释。之后，汉密尔顿根据查尔斯·道的文章，将查尔斯·道的思想体现在实际操作上，来分析和判断股市的运动。几年后，汉密尔顿撰写的文章已经被投资者们奉为"圣经"，而且他的读者们，也慢慢理解了道·琼斯平均指数的内在意义。

单单以文章发表的篇数而言，汉密尔顿所写的数量居多。同时查尔斯·道并没对市场的方向加以判断，但汉密尔顿确实勇气可嘉，在此跨出了第一步。因此，本书并不列举和阐述查尔斯·道的文章。虽然这样，但汉密尔顿的探究结果的基础全部是他的前人的，查尔斯·道功不可没。实际上，汉密尔顿也一直在提醒读者，在他所写的文章的第一句，时常能看到这些文字："依照已经去世的查尔斯·H.道的观点，根据道·琼斯股票平均价格指数对股市的趋势研究和判断……"

大家还能看出，《华尔街日报》从不自降身份，变成一种出售小道消息的垃圾报纸。而对汉密尔顿来说，比起"咨询专家"的身份，他更是一位专业而优秀的报纸编辑。而当他发现了道·琼斯平均指数给出了明确的关于趋势变化的迹象时，不会次次都去写一些关于判断股市的文章。汉密尔顿将他聪明的头脑更多地用在了日常事情上，所以他并没有时间和精力去盯盘。而且，我们还能发现，他会经常在较长的时间里不写出他对股市的预测或想法，这是由于他非常讨厌一些咨询公司利用他的想法和判断结论去赚钱。

以下从汉密尔顿过去25年里发表过的文章中节选了一些内容：

"我们以道氏理论为方法去研判平均指数，他是已经去世的《华尔街日报》所有者之一的查尔斯·道创造的。目前，道氏理论的相关书籍好像已经没有了，但是其核心能够简洁地概括：在所有的市场中，都发生着很突出的运动，即作用运动、反作用运动和相互作用运动这三种。大家最先发现的是市场的日内波动，然后是次级调整运动，比如牛市中的回调或者熊市中的反弹。最后就是主要运动，它在几个月的时间内影响着价格的走势，它是最核心的运动。"

"需要做一些假定：市场的每日价格波动，对于研究来说是没任何作用的，它并不能代表什么。同时，次级调整运动经常会迷惑大家，它也不可信。投资者要知道，研究股市的主要运动，对我们是很有意义的，并且主要运动就可以代表经济状况的晴雨表。而恰恰是因为这个原因，通过研究市场运行而得出的一些结论，特别是'一战'之前的那些文章，成功的次数比失败的次数多出很多。而那些出现错误的判断或者观点，往往是没有使用准确并且有效的道氏理论。"（1919 年 8 月 8 日）

"有一位热情的读者曾来信问我，通过研究工业股和铁路股平均指数的历史数据来预测未来走势，不就属于主观经验分析法吗？这确实是主观经验分析法，但这不同于那些骗子所用的方法。实际上，所有通过历史数据总结的观点或者预测都一定被这么问。但评判它是否有效，是要看其是否符合科学。"

"我们不得不说，道氏理论的确比较主观，而且有一定的局限性。但是，现在没有出现一种方法，能在判断市场方向的有效性上比道氏理论好。"（《股市晴雨表》）

"有些研究道氏理论的人，希望道氏理论的三种运动在数字上或者是形态上能有一定的确定性。道氏理论做不到这些，更不必做到这些。"（1922 年 11 月 3 日）

"肯定会有一些无聊的人，可以通过在市场运动中找到一些特别的行情，如果运用道氏理论来判断这些行情就会出现错误，这种情况在次级调整运动中居多。但是，这又能说明什么？那些无聊的人，要求可以存在一种理论或者其他方法，能够做到百分之百预测股市的趋势，这完全就是妄想。而且从目前人类的道德方面讲，我们没见过可以拥有这种方法的人。就目前情况来看，可以震撼世界的办法，只有让那些专门利人、毫不利己的人从上帝的手里接过这个世界。"

"股市晴雨表现在做不到很完善，或者说，这门处于生长期的经验性科学，还需要慢慢成长。"

"气象局公布的天气信息是很有用的，但它不会去预报是否会有干旱的夏天或者是温暖的冬天。我们生活中的常识都能告诉我们，纽约的天气在一月很冷而在七月很热。"

"影响股市价格运动的规则适用于伦敦证券交易所、巴黎证券交易所和柏林证券交易所等。假设一下，就算是前面说的这些交易所都消失了，这个规则依旧会继续存在并且发挥其作

用。当自由的资本市场重新开放时，一切的一切又会继续走入
其正常的轨道中，自然也会继续发挥其作用。据我的了解，伦
敦还没创造出一个像道·琼斯平均价格指数这样的平均指数。
假如有这个指数，那么通过对这个指数的预测出结果，也会是
正确的。"

"道氏理论中含有一些关于循环或是系统的概念，很有
趣味性、推理性以及流行性。道氏理论汲取了一些实用的东
西，和一些信息资料的片段节选。股市的价格运动反映一切
事实。"

"道氏理论是一种关注实用性的理论。这个理论假设的部分
就是人类的性格弱点。经济的繁荣使人们追逐名声和财富，人
类就大胆进行投机，之后又开始后悔，然后经济大萧条到来了。
在经济大萧条之后，人们又会庆幸自己拥有的这些，然后从很
少的收入中用来存入银行，资本家们也会满足薄利多销和快速
的资金周转。"

"已经去世的美国参议院议员斯普纳读过《华尔街日报》的

一篇评论文章后，说：'等待市场残酷的审判吧！'他知道并且能预知到市场的残酷。这种审判根据一切事实为基础，这点不容怀疑。虽然这些事实依据是那些无意识或者不情愿的人提供的。"（《股市晴雨表》）

第 2 章
汉密尔顿讲述的道氏理论

道 / 氏 / 理 / 论

船长要想在大海中航行，必须备有关于潮涨潮落的记录。道·琼斯平均价格指数的历史运动对于投资者的重要性就如同潮涨潮落的记录对于船长。35 年的平均价格指数的运动并不是非常便于探究，原因就是未能制作成为图表。它对于投资者来说，就好比是航海图与船长的关系。最重要的是，海员们发现了晴雨表也是一种必需的导航仪器。查尔斯·道和汉密尔顿给了我们可以像航海晴雨表那样可以判断未来天气好坏，有没有变化的股市晴雨表，它就是道氏理论。股市晴雨表对投资者来说是至关重要的，投资者必须要能够读懂它，就和船长一定要能读懂航海的晴雨表一样。

道·琼斯工业和铁路股平均价格指数的收盘价和纽约股票交易所的成交量，都是投资者使用道氏理论来判断今后的价格运

1901 年的纽约股票交易大厅

动的必备品。

　　在这章里，作者对一些专业名词和关于道氏理论的内容进行了解释和归类，这是非常有必要的。因为查尔斯·道和汉密尔顿都没明确地解释过道氏理论和其内容。可能现在应该大胆尝试去做这件事了。本书作者努力尝试做这件事情之前，不仅仅有根据平均指数来在股市交易的 10 多年经验，并且多年来一直对查尔斯·道和汉密尔顿曾发表过的文章进行探究，同时还和全

国最棒的投资成功者、研究者们就道氏理论的内容进行过交流

与讨论。同时，笔者为了能够更好地探究，还曾经绘制过百张

行情图，把汉密尔顿的关于市场趋势的全部观点，都一一考虑。

实际上，为了能够详细地阐述道氏理论，汉密尔顿早在 10 多年

1903 年，纽约曼哈顿中央车站和酒店

前就开始努力地对各种数据精挑细选和仔细整理了。其实，现在所说的道氏理论和查尔斯·道的道氏理论不一样了。因为查尔斯·道已于1902年永远地离开了我们，当时并没有留下关于其理论的具体内容。所以现在所说的道氏理论，是汉密尔顿在以前道氏理论的基础上，经过不断的实践，而后精炼出来的。

因为世界上所有的事情都会出现意外，所以阐述道氏理论的内容时也会出现这样的情况。而投资者要想解决这种问题的关键就是要充分认识到这一点，并且通过研究平均指数的行情图，找到这种意外出现的地方和那些因为完全相信道氏理论是完美的而在操作上出现错误的地方，并把这些位置牢牢记住。只要不断地使用这种方法，投资者就能牢牢掌握阅读平均指数这个股市晴雨表的方法。掌握这种方法就可以使投资者得到盈利，或者是更高的盈利。这就与外科医学上十分相似——作出错误诊断的人也可能会是一位非常专业、优秀的外科医生。

因为各种事情中有存在或多或少的运气成分，交易中也是如此。一个初学者可能在运用道氏理论的几笔交易中，个别一笔因为运气而导致判断正确。之后，他就以为自己已经得到了可以战胜市场的法宝了，最终的结果就是被之后的事实击败了。而更差的情况是在道氏理论出现错误时，他竟然能够通过运气判断出对的趋势。这两种情况的存在，都会使道氏理论的正确性受到争议。事实上，出现这些错误的原因是因为初学者本身没有对道氏理论进行过认真系统的学习研究。

这里对道氏理论内容和专业术语的阐述，将在后面的章节里一一解释。读者可能仍然难以理解某些内容，但是读者们要认识到：道氏理论就像是数学一样，仅仅靠书本知识，而没有经过大量的学习研究和实际运用是很难明白并且掌握的。

假如你想要用道氏理论在市场上交易并且取得成功，那么你就一定要相信以下的假定。

☆ 价格操纵

个人的力量是可以影响或者说是操纵平均指数的日内波动的。而对于次级调整运动来说，其影响是有一定限度的。然而，市场的主要运动是无法被改变的。

☆平均价格指数消融一切信息

道·琼斯平均价格指数的每一次波动，都包含了所有进入股市的人的期望和失望等。恰恰是由于它的这种特点，它才能够把未来的事情（不包括不可抗力）反映到每次的波动中。而且，它对一些像地震、火灾等突发性灾害的反映也会非常迅速。

☆道氏理论不能百战百胜

道氏理论并不能不出现错误。想要在交易过程中得到道氏理论的指导，就必须仔细地探究，并且客观地查找数据，一定不要把主观的东西带进来。

假如上述事实不能被读者像公理一样理解并认可的话，在阅读本书的过程中，读者就会走入旁门左道，会在很多地方难以理解。

根据道氏理论来总结出准确的公理，的确是一件困难而伟大的工作。这件困难而伟大的工作于 1925 年已经完成。后来对这些公理进行研究和在交易中运用的过程中，越发地证明了随意改变这些公理是非常愚蠢的。

◎ **道氏理论中所提到的三种运动**

平均指数的运动一般包括三种运动方式，这三种运动是可以发生在同一时间内的。其中最主要的运动就是主要运动：它就是市场总体上涨或者下跌的运动，即牛市或者熊市，这种运动的运行时间在几年左右。其次就是次级调整运动，同时，这种运动也最容易欺骗投资者，造成假象。在牛市里，次级调整运动就是那些的下跌回调，而在熊市里，次级调整运动就是那些反弹上涨。次级调整运动一般会运行 3 周到几个月左右。第三种运动就是没价值的日内波动运动。

◎ **主要运动**

主要运动就是市场总体运动的方向，也就是我们都知道的牛市和熊市，它运动的时间或许不到一年，也可能会是数年。交易成功的重要条件就是能够判断出主要运动，是向上运行还是向下运行。到目前为止，还未出现一种有效的办法可以来判断出主要运动的运行时间。

◎ 熊市

熊市就是指市场主要运动方向向下的市场，其中还包括向上的次级调整运动，即反弹。熊市是由于所有经济方面的不良因素引起的，直到这些经济方面的不良因素被市场消融掉，熊市才能结束。**熊市分为三个主要阶段：第一阶段是由于在高位追涨，之后获利的期望被毁灭，而导致套牢盘的抛售；第二阶段是由于大萧条和各领域盈利降低而造成的抛售；第三阶段是由于忽略股票自身价值，连续优股也被抛售，为拿到现金而套现。**

◎ 牛市

牛市就是指市场主要运动方向向上的市场，其中还包括向下的次级调整运动，即回调。牛市开始的原因是因为经济状况逐渐得到好转，从而使投资行为和投机行为增加，所以市场的购买需求也随之越来越大，成交量也是日益增多，所以股价不断上涨。**牛市分为三个阶段：第一阶段是由于大家重拾对今后经济状况发生好转的信心；第二阶段是由于股票的价格对其公司经营状况得到好转的反映；第三阶段是由于经济方面的通货膨胀等因素的影响以及过度不良的投机行为，这时价格上涨的**

原因仅仅是因为人们疯狂的热情。

◎ **次级调整运动**

为了便于研究，规定一下——在牛市中重要的回调运动以及熊市中重要的反弹运动称作次级调整运动。次级调整运动一般会运行 3 个星期到几个月左右。而这个运动的幅度往往为前一阶段主要运动的 33% ~ 66%。这种运动经常会迷惑投资者，使投资者认为主要运动的方向已经转向了。很明显，就是因为牛市主要运动第一阶段的样子和熊市中次级调整运动很像。同理，熊市主要运动第一阶段的样子和牛市中的次级调整运动也很像。

◎ **日内波动**

只参考一日的平均指数的运动来分析判断，得到错误的结果是必然的。在市场出现"线型窄幅横盘"状态后，根据日内波动进行预测才会有点用。不管怎样，我们一定要注意记录每天平均指数的运动。因为将这些记录联系起来，就可以形成我们需要重点研究的形态。这个形态是最重要的，容易识别的，最有预测价值的。

◎ 两种平均指数必须互相验证

一定要一起观察铁路股和工业股的平均指数，当根据这两种平均指数得到相同的预测结果时，即两种平均指数互相验证，这个预测结果才可信。若是仅仅根据一种平均指数得出预测结果，而另一种没有对其进行验证。这个预测结果的错误率是很高的。

◎ 预测趋势

假如上涨能够突破前面的高点，而之后的下跌不跌破前面的低点，这时我们就可以确认为牛市。同理，假如下跌跌破前面的低点，而之后的上涨未能涨过前面的高点，这时我们就可以确认为熊市。这些结论在判定次级调整运动时非常有效，但这些结论更重要的用法是可以预测主要运动的重新启动、继续运行和发生反转。为了方便研究，我们规定在大于等于1天的时间内，价格向相反方向运动，幅度大于平均指数的3%，这样的运动就是反弹运动或者回调运动。这样的运动必须要被两种平均指数的互相验证才行。但是这两种平均指数不必在同一天验证。

◎ **"线型窄幅横盘"状态**

"线型窄幅横盘"状态是指一般为期 2~3 周，幅度约为 5% 左右。股价就在这段时间内，在这个波动区间内上下来回运动。当出现"线型窄幅横盘"状态时，就说明市场正在进行收集或者派发的行为。假如之后两种平均指数都向上突破"线型窄幅横盘"状态的范围，这就说明在之前的"线型窄幅横盘"状态中，市场在进行收集，随后价格会涨得更多；同理，假如之后两种平均指数都向下跌破"线型窄幅横盘"状态的范围，这就说明之前的"线型窄幅横盘"状态中，市场是在进行派发，随后价格会跌得更低。假如一种平均指数不能被另一种平均指数的验证，那么得到的结论十有八九是不对的。

◎ **量价关系**

当市场在超买状态中，就会出现滞涨乏力的现象，而在下跌的过程中却劲头十足；同理，当市场在超卖状态中，就会出现滞跌乏力的现象，而在上涨的过程中却劲头十足。在牛市开始时，成交量通常较低，而当牛市结束时，成交量往往会非常大。

◎ 双顶和双底

关于双顶和双底对于趋势的预测意义很小。事实证明，它造成的假象的次数远超于正确的次数。

◎ 个股

性质活跃的个股和流通很大的绩优股往往会与平均指数步调一致。然而，部分个股的运动或许会和平均指数恰恰相反。

第 3 章
价格操纵

道 / 氏 / 理 / 论

关于价格操纵，对于日内波动来说，是非常可能的，而对于次级调整运动来说，只会在一定程度上产生影响，但是，对于主要运动来说，想要改变是不可能的。

汉密尔顿以前多次说到过价格操纵这件事。他坚定地认为，价格操纵对于市场的主要运动来说是微乎其微的。有很多人都对这个观点不屑一顾，但是，我们要注意这点：汉密尔顿和华尔街的交易高手们关系非同一般，并且他为了研究市场而贡献了一生的时间。

以下内容是随机从汉密尔顿的大量文章中节选出来的，能够看出，汉密尔顿对价格操纵的认识始终没改变过。

"仅有个别股票的价格能被暂时地操纵，使得我们对其主要运动的判断或者预测产生错误。但是，要想操纵20只股票的价格，从而使平均指数发生重大的转变，让我们对其的判断或预测产生错误，是不可能实现的。"（1908年11月28日）

"所有人都知道，价格操纵对于日内波动是可以的，甚至对短暂的趋势而言也是会在一定程度上对其产生影响，而对于主要运动来说，即使是全世界所有的金融大亨联手也不能操纵。"（1909年2月26日）

"……市场自身的力量要比那些'金融集团'和'内部人士'集中在一起的力量要多出太多了。"（1922年5月8日）

"影响使用股市晴雨表的错误观点是，相信股市的价格会被操纵，从而形成假象，迷惑投资者，致使股市晴雨表失去效用。作者（在此指的是汉密尔顿）之所以发表这样的观点，是因为已经和华尔街保持了22年的紧密联系，而且与伦敦证券交易所、巴黎证券交易所的联系也十分密切，同时还经历过1895年在约翰内斯堡疯狂猖獗的投机和金矿股票市场。在这些经历中，没有一次是因价格操纵而引起的。当然，假如无法证明全部的市场运动，无论是牛市或者熊市，从开头到结尾始终都是由经济状况导致的，那么这样讨论就是不谨慎的。在主要运动最后的一个阶段中，过度的投机活动无法避免。"（《股市晴雨表》）

"没有一种巨大的力量，就算是美国财政部和美联储联手。也不能操纵 40 种活跃股票的价格，或者是让它们发生变化，就算是有变化也是极小的。"（1923 年 4 月 27 日）

业余人士都认为市场被一种无形的力量所操纵，这就是导致亏损的第二大原因，第一大原因是失去耐心。业余人士往往都会执着于小道消息，或者是通过报纸来寻找那些能使市场趋势发生改变的新闻消息。这些人都忽略了这个事实：重要的新闻消息公布时，如果其内容能影响到市场的趋势，那么它的影响也早已被市场所消融了。

事实上，小麦或棉花价格在较短的时间进行波动的时候，确实会影响到股票价格的日内波动。同时，报纸上的重点内容，

1905 年的纽约第五大街

也会被业余人士误认为是牛市或者熊市来临的标志，于是迅速地买入或者卖出。这样，在短期上看，市场确实是被影响或者说是被"操纵"了。而专业人士在此时就做好充分的准备，该出手时就出手。一旦那些少量买入的胆小的散户将要加仓时，专业人士就会进行卖出；当那些散户决定卖出时，专业人士就会接盘；等到散户追涨时，专业人士马上就会卖出。之后这样的次级调整运动宣告结束，市场的主要运动又重新开始。而当市场正在超买或超卖的状态时，这样的观点才有可能成立。

那些认为价格操纵能影响到主要运动的人，要是能够在这个问题上花几天时间去研究，那么一定会改变观点，相信这个观点是错误的。举例：1929 年 9 月 1 日，纽约股票交易所上市交易的公司股票的总市值为 890 亿美元。而对于这样庞大的数字来说，如果有某些力量想要操纵其 10%，想象一下，这得花多少钱啊。

第 4 章

平均价格指数消融一切

道 / 氏 / 理 / 论

所有在金融市场中的人，他们全部的期望，失望和对市场的综合判断或预测都将综合在一起，反映在道·琼斯铁路股和工业股平均价格指数的每日运动中。而且平均指数可以提前对未来将要发生的事情作出反映，把它们消融于价格运动之中，但是不包括一些类似火灾和地震之类的不可抗力。当这些不可抗力发生的时候，平均指数也会马上对其作出反映与消融。

一些新手经常会讨论这样的问题：股价波动能否可以消融未来事件的影响？而那些对道氏理论的精通者，都清楚这就是事实。这也是使用道氏理论让投机或投资成功的基本准则。对于那些否定这一点的人，最好不去通过运用道氏理论进行交易。

对此已经不必多说了，来看看以下这些关于这个问题的选段，它们都是从查尔斯·道和汉密尔顿30多年里所写的文章中节选的。

"市场反映了一切投资者对经济状况的了解，这一点无论强调多少次都不够。向农场主出售各种工具、卡车和肥料的那些公司，对农场主情况的了解比农场主自己都要深刻。那些遵守交易所规定的上市条件的公司，经营着国家生产和消费所有的东西，比如煤炭、焦炭、铁矿、生铁、钢坯以及弹簧等，它们所需要知道的，都会一点不少地反映在价格上。一切的银行都知道这些商品的交换和对产品的融资，都反映在股价上面，并进行调整。"（1921年10月4日）

"……平均价格指数……可以消融并且反映利好消息和利空消息，农产品的产量估测和政治上可能发生的事情的预测都会反映在平均指数里。因此，研究平均指数才十分有价值，并且才能以它来得出其他方法不能得到的关于未来趋势的信息。"（1912年5月2日）

"浅薄的交易者通过观察会经常看到，市场对于突发事件竟然没有作出反应。就好像突发事件对于市场的影响非常小。无论是有意还是无意，市场总是在反映将来，并不是以前。当未来的事件刚有先兆时，这种先兆就会落在纽约证券交易所。"

（1911 年 4 月 5 日）

1910 年，纽约第五大道 42 街

"股市晴雨表是公正的，影响它的每一笔交易都包含了每个人的意愿。晴雨表的结果是参与交易的每个人的意愿，冲动和期望综合的结果。而国家的整体经济状况也一定将任何人的信息全部反映出来。这和一个辩论团不一样，它更像是一个专注于倾听的陪审团，全部成员都在一起，这不仅仅是律师或者法官所作出的决定。"（1926年3月29日）

"市场交易并非交易那些大家都知道的事情，而是去交易那些能得到最好的信息的人的预测。股价的每一次变动，都会在今后得到充分的解释，而所谓的价格操纵，仅仅是一些微乎甚微的因素而已。"（1913年1月20日）

以下节选自查尔斯·道先生于1901年写的一篇文章：

"股市看上去好像是一个乱飞的气球。其实，股市就是一些有远见的人，经过理性而周密的思考，使股价回到其自身的价值或者是未来的价值。这些有远见的人所想的不是这只股票的股价现在会不会上涨，而是能否让其他交易者在6个月之后，前来购买他们所持有的股票，而这些股票已经比当时他们买入

时高出 10%~20% 了。"（1901 年 7 月 20 日）

"大家所知道的任何事情，哪怕是与金融关系甚微的事情，都会通过信息的方式传递到华尔街。市场价格的波动，就是其本身得到了这些信息之后引起的价值变化。"（1929 年 5 月 29 日）

"无论重复多少次这一点都是不够的，股市会进行自我调整，以应对那些突发事件，次级调整运动就是这样的。但它并不是去应对当时发生的事情，而是去应对集合所有参与市场交易的人，所能预测的未来。"（1922 年 9 月 25 日）

"……投机就是去预测经济未来的发展和变化……"（《股市晴雨表》）

到 1927 年春天时，股市的这轮牛市已持续运行了快 6 年了，这时有一个评论：

"市场的平均指数显示，经济的发展可能会一直保持良好的势头，一直到未来很长的时间内，这就像是用最有效的经济望

远镜看到的一样远。"（1927 年 4 月 23 日）

当平均指数接近 1921 年底部的时候，在底部形成时，利空消息为何没能使平均指数下跌？是这样解释的：

"当市场被突发事件影响时，就会引起大家的恐慌，而历史证明，市场很少能被突发事件影响，但是大家都知道所有的利空消息，同时也知道这些利空消息的严重程度。而市场的交易依据并非现在大家所知道的这些事情，而是依据那些专业人士他们通过专业知识对于今后很长时间的预测。"（1921 年 10 月 4日）

"……历史上每一次的熊市，都可以被之后国家的经济形势充分解释。"（1926 年 3 月 8 日）

"有一条非常有趣的规律，市场的主要运动发生改变或者是中途被打断，往往都会得到一些其他的解释，或者是有人为它加上一个符合大家想法的解释。"（1927 年 8 月 15 日）

"华尔街有这样一句老话:'当任何消息公布之后,市场因此而产生的运动也随之结束了。'那些大股东和专业的投机者,他们并不是根据那些尽人皆知的消息来进行操作,而是根据他们所独有的消息,或者是自己对今后的预测进行操作。当市场已经下跌了半年左右的时间后,才可以看到工商业的经济状况出现了问题;而当市场上涨了半年左右的时候,才能看到工商业经济刚刚发生并不明显的好转。"(1906 年 6 月 29 日)

"……投机本身就会促进经济发展的信心。从另一方面讲,市场就是经济状况的晴雨表,它的运动并不是根据当时发生的事情,而是根据对未来经济状况预测的综合反映。"(1922 年 5 月 22 日)

从前,有位著名的金融学家对汉密尔顿说:"假如我可以获得市场运动中一半的信息,那么我就能很负责地说,我将比在华尔街的所有人都有极大的优势。"

"当然,树并不能长到天上去。对于市场来说,平均指数能够消融一切因素,除了那些突如其来的不可抗力。它并不可以预测出旧金山发生的大地震和北太平洋的灾难。并且，关于世界大战是不是被提前预知了则有很多不同的看法，这些因素在一定程度上，在之前的行情就已经被消融了。"（1927年7月15日）

"……可以将华尔街比喻成一个存有所有人所知的一切和经济相关信息的仓库。这个比喻是非常正确并且恰当的，这可以充分地说明为何平均指数反映的信息比每个人所掌握的信息都要多很多，而且连最财大气粗的财团都不能操纵。"（1927年10月4日）

任何一个探究道氏理论的人，都要相信并且牢记平均指数可以预测出今后的事情，并且可以对这些事情作出正确的反映。这点是极为重要的，而对于那些不想逆市操作的人来说，这就是最宝贵的。

1931年股价的暴跌，就是一个最典型的例子，它充分地证明了这一观点。在那段市场暴跌的时间里，市场一直在对国际经济危机进行消融和评估，尤其是英国取消了金本位制度，银行出现危机并且倒闭，铁路业将要破产和因庞大的政府赤字所

经济大萧条期间，1931年的芝加哥，失业者在领救济

引起的将要加税的政策。这次股价的暴跌在 6 月出现的反弹很明显是属于次级调整运动，暴跌因此出现了短暂的调整，空头仓位回补和激进投资者的做多，产生了这次调整。其根本的原因就是大家认可了新闻媒体乐观的评论、政治赞助的广告效果，和胡佛政府采取的推迟支付措施。

10 月，市场的主要运动再次被中断，这次的运动是属于次级调整运动，而大家都认可的解释是纽约股票交易所实行了一项新政策，这项政策对做空加以控制，所以这就导致了做空的人平仓出局。同时，有一个管理优秀的财团使小麦的价格出现了投机性的快速上涨。而国内的各种媒体全都对其嘉奖，说这是商品期货在长期下跌之后形成的大底，之后将要发生反转，但这仅仅是一次单纯的投机行为。之后不可避免有很多的鱼儿禁不住诱惑上钩了，而这次调整也在正常的时间内结束了，之后又继续市场的主要运动，无法阻止地创出新低。事实上，如果这次投机性的上涨并没开始，次级调整运动仍然会发生，即使商品期货上出现的反转理由没有出现，人们也一定会为这次次级调整运动找到更加充分的理由来解释。平均指数是最公正的，它综合反映了所有人对市场的预测。

平均价格指数消融一切，这是非常重要的，以下继续引用一些片段，来对这个观点加以说明，虽然这有些啰唆。

"发表在这里的，定期要谈论关于市场运动的内容，常常会提到平均价格指数消融一切，比如成交量、经济状况、股票红利、银行利率以及政治因素等等。正由于它是平均指数，所以它才能对与市场相关的每个会出现的因素公正地加以总结并且反映

出来。"（1912 年 3 月 7 日）

"平均指数会消融每个人的期望和政治、货币、农作物等这一系列的东西，而最后会……"（1912 年 4 月 5 日）

"如果一个大制造商发现了经济将要不景气时，就会将手中的股票抛售，确保了自己的资金。但是，他毕竟只是抛售股票中千千万万人中的一员，市场会在他或者是其他人预测出经济将要不好之前，就已经下跌多时了。"（1924 年 7 月 15 日）

"市场反映出各种各样的事情，而这些事情只会被少数人发现，而这些少数人往往只能发现自己关注的事情。"（1924 年 7 月 15 日）

"股市晴雨表会自己考虑银行利率、炼铁炉的运转、农作物的产量、谷物的价格、银行的结算、商业方面的库存、政治上的前景、外贸、银行的储蓄、工资收入、铁路运输量和其他所有的一切信息。价格的波动就是这些信息综合的结果，它公正地反映这些信息。而每个信息的力量都不可能操纵市场。"（1924

年 7 月 15 日）

"市场预测出了第一次世界大战，股市晴雨表在 1914 年年初的市场走势就能充分说明这点。"（1925 年 3 月 16 日）

"在这些研究里，我们会忽略国家经济状况、贸易状况、农业状况、政治前景和其他的一些能影响日内波动的可能事情或因素，这些对于市场短期的运动来说，影响微乎其微，对市场的主要运动就是基本没有了。经过长期对平均指数的分析，说明了平均价格指数消融了这些因素和事情，而且假如忽略掉这些短暂因素的影响，那么平均指数就可以更加值得信任。"（1911 年 7 月 14 日）

第 5 章
道氏理论并非永远准确

道 / 氏 / 理 / 论

道氏理论并不能永远保证正确。如果投资者或者投机者想通过使用道氏理论而对自己的交易有帮助的话，就必须得耐心认真地探究和学习，并且公正地收集数据，一定不要让主观的期望控制自己。

要想概括出道氏理论的实战技巧，一定要进行大量的归纳和总结，这项任务很重大，目前远远无法实现。即使这样，定义道氏理论的内容要比定义其他实践性科学简单很多。举例来说，一位银行家能否依照一位外科医生提供的几条简洁的规则要领去给一位经纪人切除阑尾吗？这太荒谬了。由于临床医学是一门实践性非常重要的学问，它不仅需要理论知识，而且还需要大量的经验和成千上万次的实践。驾驶飞机着陆同样是一门实践性科学。对一位技术娴熟并且机智的飞行员来说，给出几条简单的操作规则和要领非常简单。但是，假如要让一位银行家根据这几条规则和要领去驾驶飞机着陆，那么结果一定是被救护车送离事故现场。为什么？可能是这位银行家并没能完全理解这些规则和要领，比如当逆风的时候，要将哪一侧的机翼放下。对银行家来说，他可以写出一些关于债券分红的简单规则，而医生、飞行员和经纪人都可以依据这些规则计算正确的答案，就是因为数学是一门精确的学问，精确的学问只会有唯一的标准答案。道氏理论是一门实践性科学，它并不能每一次都正确。但是当我们正确使用的话，就会很有效果。正确使用就是要坚持不断地认真学习和研究道氏理论。

在汉密尔顿的著作中如此写道："股市晴雨表不能永远正确，准确地说，股市晴雨表这门新生的学问还有很漫长的路要走。"

平均指数的学习研究者，经常会被自己的主观意愿所干扰。这些人会在市场已经上涨了很大幅度后追涨，如果出现了幅度比较大的次级调整运动就会收到追缴保证金的通知，之后他们就会说这是道氏理论的错误。这些人觉得他们自己是依据平均指数发出的信号进行操作的，他们按照自己的图来进行操作，而图一般都是只画有工业股的平均价格指数，还在上面仔细地画出了神秘的阻力位。其实，他们是将自己的过失说成是道氏理论的错误，道氏理论阐述的在牛市买入，意思是在激烈的杀跌之后，市场表现出下跌困难、力竭的时候，或者是在刚刚才上升中表示出强烈愿望的时候。

另外一些道氏理论的学习研究者，坚信道氏理论可以用于进行日内交易，他们的结果一定是亏损。

另一些道氏理论的学习研究者，坚持把一些货运量和利率这样的基本面数据结合在一起使用。而这些数据都是来自于相关统计部门，这些统计部门对于国家来说是很重要的，可惜这些数据对于交易来说，一点价值都没有。这些人就像气象预报员一样有运气，可这些运气大部分都是坏运气。假如他们能够彻底明白道氏理论的内容，他们就会明白这样一个最基本的事情，就是所有的统计信息已经反映在平均价格指数上了。

经常会有这样一个问题："假如完全理解了道氏理论，并且能完美地运用它来在正确的时机进行交易，那么投资回报率应该是怎么样？"作者的观点是，对于每一位掌握了必备知识的交易者，只要能够有耐心，并且遵守平均指数给出的信号来交易的话，在一个完整的牛市或熊市，10笔交易中至少可以正确7笔，并且任何一次正确的利润都会远大于错误所造成的亏损。也会有一些人的操作记录比这个还要好，他们可能在一年中的操作很少多于四到五次，他们并不是整天盯盘进行操作，而是操作好重要的主要运动，对局部的一点得失漠不关心。

了解市场运动的人都能理解，道氏理论不够完善，不能永远正确，但是，从可信度这方面考虑，远远超过一些优秀并且专业的交易员对市场的判断或预测。通过道氏理论进行交易的人都知道，一般情况，造成损失的原因并不是因为过于信任道氏理论，而恰恰相反，就是因为对道氏理论的信任还不足。

假如你依照平均指数发出的信号进行交易，但出现了不少的亏损。原因之一可能是理解错了这个信号；之二就是可能碰到了道氏理论分析错误的少数情形之一。这时，你就要立刻认赔，止损出场。等到再次出现明显的交易信号，再入场交易。

一些和赌徒一样的投机者，一直想去找出一些关于平均指数日内波动的细节和规律，这是不可能的。

每一个有智慧的人都能明白这个问题，如果道氏理论真的能够百战百胜，永远正确，或者真的存在一两个人能够一直正确，那么，市场很快就不会有投机行为了。

1926 年，汉密尔顿在研究平均指数时就出现过一次重大错误，他把牛市中的次级调整运动，当成了熊市的开始。道氏理论的学习研究者，应该研究一下 1925 年秋天开始，一年的价格

1923 年的华尔街

走势图，这是为数不多的，关于研究道氏理论会在什么时候出现错误的一个经典案例。本书的作者觉得，汉密尔顿好像认为市场将要展开熊市了，这样的想法误导了他对平均指数的分析和判断，这就是一个由于自己主观期望，而没更多信任自己理论的经典案例。

一轮牛市于 1923 年夏天快结束的时候开始，在 1924 年全年，以牛市常有的方式继续上升。1925 年 3 月下旬一直到 1926 年 2 月 26 日，市场走出一个令人激动并且难以忘记的差不多没有调整的上涨阶段。从这波上涨的幅度和持续时间上看，可以表明之后将会有一个不一般的次级调整运动。简单看一下 1897 年到 1926 年的平均指数走势图，就能发现这轮牛市的持续时间和以往牛市的持续时间一样。然后还能发现工业股平均价格指数已经创出历史新高，同时，货币政策非常紧。根据这些因素，即使一位道氏理论的虔诚的支持者也会被其所干扰，自己的主观期望战胜了客观的判断，得到牛市结束的这样一个错误的结论。

来追踪一下致使汉密尔顿把次级调整运动当成熊市开始的

原因，这是很有意思的。1925 年 10 月 5 日，汉密尔顿说道："20
种工业股平均利润少于 4%，这时人们是根据股票的未来发展去
买股票，而并不是股票现在的价值。"汉密尔顿还写道："不管
怎么样，牛市的力量仍然占据主导地位，但现在应该关注其是
否会结束了。"任何人读过汉密尔顿写的这篇文章的人，都能发
现他开始为熊市说话了，可那时的平均指数走势上，无法找到
任何熊市来临的证据。汉密尔顿在评论的最后写道："现在也许
是古老的'双顶'理论有效了，就是说价格到达 9 月 19 日或 9
月 23 日的顶部附近，两种平均指数就会展开下跌了。"因为汉
密尔顿以前说过"双顶"和"双底"的有效性目前还没被检验，
所以这个结论是非常奇怪的。

汉密尔顿在 1925 年 11 月 9 日的评论文章中的结束语："从
目前来看，根据道·琼斯平均指数得出的所有结论，都说明股市
仍然是牛市，之后或许会发生一些次级调整运动，到目前为止，
还没有出现熊市的迹象。"同时，在一篇文章的其他位置，汉密
尔顿又说："未来的某个时间，可能会是明年，资金短缺将会笼
罩市场，而股市将会第一个对此作出反映。当所有人都一致看
涨和期望越来越大的时候，就会开始熊市的主要运动了。"很显

然，汉密尔顿对熊市的看法属于个人看法。而如果他能依据平均指数来得出结论的话，还是可以得到正确的结论的。

1925 年 11 月 19 日，市场展开了剧烈的调整，而后汉密尔顿再次警告读者们关注双顶形态，这就说明牛市主要运动将要结束。然而，1925 年 12 月 17 日，汉密尔顿严格遵守道氏理论研究后说："1923 年 10 月开始的牛市，现在依然占主导地位，现在这波次级调整运动正在继续。"他提醒读者要注意平均指数。从这可以看出，他认为现在的价格已经太高了，但道氏理论并没发出信号。

1926 年 1 月 26 日，工业股平均价格指数形成了明显的双顶形态，但却没得到另一个平均指数的验证。汉密尔顿多次警告他的读者们，仅从一种平均指数得到结论，而没能被另一个平均指数验证的话，这个结论基本上是错误的。

1926 年 2 月 15 日，汉密尔顿在评论文章中再次提到了双顶形态，他说如果前期高点不能被突破的话，之后就会继续下跌，这可能就是熊市来临的信号。3 月 5 日，工业股平均价格指数从高点下跌了约 12 点，铁路股平均价格指数从高点下跌了 7 点，汉密尔顿在文章中说："经过对以前 25 年平均指数运动的研究，牛市的结束已非常明显了。"

3 月 8 日，价格上涨到了前期高点附近，汉密尔顿下了股市已经反转的结论，因为重要的双顶形态。他还说："走势已经很明显了，过不了多久，市场的主要运动就会从牛市转换成熊市。"

4 月 12 日，就是那个被错认为是熊市的那个次级调整运动的低点之后两周多的时候，汉密尔顿又提到了他之前的预测判断，在评论文章的最后，他说："平均指数之后的走势，7 个星期前文章中的结论仍然有效。"

观察一下平均指数的走势图，我们就可以看出，汉密尔顿预测熊市的时候，刚好就是一直持续到 1929 年的大牛市的拉升前夕。上述的判断和预测，对投资者来说是灾难性的错误。不可避免的，那些相信和追随熊市判断的投资者，一定是出现了极大亏损。简单地说，出现这样的错误的原因，就是过于依赖自己的主观想法了，而忘记了要认同平均指数所提供的信号。而且他还通过双顶形态判断，强加自己的期望于平均指数上，影响了自己高大的形象。从另一方面来说，汉密尔顿忘记了一件事，就是工业股平均价格指数已经涨了 47.08 点了，铁路股平均价格指数也已经涨了 20.14 点了，但是在上涨的过程中并没有出现过明显的次级调整运动。依照汉密尔顿阐述的道氏理论，次级调整运动一般都要调整到前一阶段主要运动的40%～60%。依此来计算，工业股平均价格指数调整了 26.88 点，铁路股平均价格指数调整了 10.71 点，它们调整的比例分别是55% 和 53%。他所说的熊市，其实就是一次次级调整运动。假如可以相信并且认真地运用道氏理论去判断的话，那么区分主要运动和次级调整运动是很容易能做到的。

第 6 章
道氏理论的三种运动

道 / 氏 / 理 / 论

平均价格指数的运动分为三种，而这三种运动可以同时发生。第一重要的就是主要运动，它就是市场总体向上或者向下的运动，即大家都知道的牛市或者熊市，这种运动的运行的时间一般在几年左右。第二种运动就是次级调整运动，这种运动最容易迷惑投资者，造出假象。在牛市中，次级调整运动就是那些重要的下跌回调，而在熊市中，次级调整运动就是那些反弹上升。次级调整运动一般会持续3周到几个月左右。第三种运动就是不重要的日内波动运动。

每一个学过开汽车的人，都会想起在第一次驾驶汽车的时候，自己的大脑和手、脚会出现混乱的情况。而身边的教练，都会教你怎样把观察路况、踩刹车这些动作慢慢练好，逐渐熟练统一。随着驾驶经验的增加，这些动作都会成为习惯，很自

1911 年，纽约华尔街

然地就可以完成了。一样的道理，刚开始学习道氏理论三种运
动的时候，肯定也会存在和刚开始学习驾驶时出现的混乱的情
况。但随着时间的推迟，经验的积累，一定会对这三种运动有
更深的理解，逐渐完成由混乱到熟练的过程。次级调整运动只

能使市场发生暂时性的改变，就好像是刹车对汽车的影响一样，都是对速度进行控制。而油门的作用就好像是日内波动一样，影响汽车或者市场的加速和减速。日内波动的方向与主要运动的方向或者次级调整运动的方向，时同时反。

后面的章节中会继续讨论这三种运动。深刻理解每一种运动对于能够学好道氏理论的内容来说是非常重要的，因此，先引用几个汉密尔顿所写的文章中的节选：

"关于道氏理论，我们一定要记住主要运动、次级调整运动和日内波动这三种运动。主要运动就是市场总体向上或者向下的运动，这种运动的持续时间在 1 年到 3 年左右；次级调整运动分为回调和反弹，一般会持续几周到几个月左右；最后就是日内波动。这三种运动同时在进行着，就好像大海奔腾的波浪一样，虽然这些波浪会一直冲向岸边，但是中间也会有一些回调。或许能够这么说，次级调整运动使市场的主要运动得到了休息和调整，尽管这样好像是阻碍了主要运动的运动，但是，自然规则一定会被遵守。"（《股市晴雨表》）

汉密尔顿还这样解释过这三种运动：

"主要运动不是上涨就是下跌，持续时间在几年，很少会出现小于1年的情况；之后就是次级调整运动，持续时间在1个月到3个月左右。这两种运动会同时进行，这两种运动会互相冲突，而且还会被日内波动加以复杂。日内波动就像是航海时海员需要在复杂水域内想到的另一种水流一样。"（1909年2月26日）

25年前是这样阐述这三种运动的：

"市场在同一时间内会发生三种运动。第一种是日内波动，主要是由于交易者进行的交易引起的，也可以叫作第三级运动；第二种是次级调整运动，是投机情绪引起的，它一般持续20天～60天，也可以叫作第二级运动；第三种运动是最主要的运动，一般会持续几年，它是由于股票的价格向其价值回归所引起的，它可以叫作主要运动。"（1904年9月17日）

1914 年，有个简短的评论：

"再次说明一下，查尔斯·H.道的理论，在很多年的时间里，已经观察验证，他的理论说，市场在同一时间有三种运动在进行。第一种就是主要运动，一般持续 1 年以上；第二种是有时会发生在牛市中的回调或熊市中的反弹；第三种就是日内波动。"

（1914 年 4 月 16 日）

第 7 章

主要运动

道 / 氏 / 理 / 论

主要运动就是市场总体向上或者向下的运动，即大家都知道的牛市或者熊市，这种运动的持续时间在几年。投机成功的重要环节就是可以正确地判断出主要运动的方向。目前还没发现任何一种方法可以预测出主要运动的持续时间。

即使这样，"……主要运动的运行持续时间和幅度大小，对于晴雨表来说是十分宝贵的。现在无法根据规则精确地预测出主要运动的点数，就好像是无法根据规则预测主要运动代表的经济状态繁荣和萧条的程度。"（1924 年 3 月 10 日）道氏理论的批判者可能会说，如果这个理论有效的话，就可以预判市场会在什么位置反转，和其所用的时间周期。这就好像是要求气象局可以精确地预测出多大的暴雪或者酷暑将会出现的具体时间一样。但是很可惜，气象研究和道氏理论是一样的，都是实践

1917 年，密歇根州，底特律伍德沃德大道

性科学，目前还没能完善到那样的程度。尽管这样，大家还是会习惯接受和认同天气预报，承认它有时不准确，但是也会感谢它能对于将要发生的暴雪或者其他的气象变化发出提示。对于道氏理论也要这样。

对于学习平均指数的初学者来说，非常容易将主要运动中的那些幅度较大的次级调整运动误认为是主要运动将要反转的迹象。这时，就算是专业人士也不能保证每次都可以准确地理解市场的运动，这实在是太难了。而对于初学者，要认真学习和仔细研究，一定会培养出敏锐的洞察市场的能力。假如对市场的运动感到疑惑，那么就不要入场，直到平均指数的形态发出清晰的信号再入场进行交易。汉密尔顿也会有疑惑的时候，关于这点，每个人都会碰到类似的问题，汉密尔顿就这个问题，通过下面的节选，给出了其最佳的答案：

"一定要牢牢记住，市场中有一个主流，还有很多存在旋涡和逆流的支流，而每一个支流也许会在规定的时间内，比如一天、一个星期或者更长的时间里被误认为主流。市场是一个晴雨表，每一个运动都不是没有意义的。其所表达的意义，有时要等运动很长时间之后才能水落石出，但更多的是这些含义一定不会被人发现。但是，能够肯定，只要能够充分认识每一个波动的前因后果，那么一定能够正确地理解其含义。"

第8章
熊　市

道 / 氏 / 理 / 论

THE
DOW
THEORY

熊市就是指市场是总体向下的，而重要的向上的次级调整运动也是其组成部分。熊市是因各种经济的利空因素引起，只有在这些利空因素被市场彻底消融之后，熊市才宣告结束。熊市有三个阶段：第一阶段是由于那些在高位追涨，之后获利的期望被毁灭，而导致套牢盘的抛售；第二阶段是由于经济大萧条和各领域收入大幅降低而导致的筹码抛售；第三阶段是由于忽略股票自身价值，连优秀的股票也被抛售，为了得到现金而进行的套现。

1921 年，汉密尔顿说，在过去的 25 年中，牛市平均持续时间为 25 个月，熊市平均持续时间为 17 个月。熊市的平均持续时间大概是牛市的 70%。

熊市一般分成三个阶段：第一阶段是因为在高位投机追涨，之后投机获利的期望被毁灭，导致的抛售；第二阶段表现出各个公司赢利能力的降低和股票红利的大量减少；第三阶段是低价割肉，只为了能维持生计而得到现金。这三个阶段，都分别被次级调整运动分开，而这些次级调整运动，很容易被误以为是牛市又开始了。但这样的情形对于精通道氏理论的人来说，很难受其影响。

纽约股票交易所所有股票的成交量，在熊市的时候要比在牛市的时候低很多。而当成交量的曲线开始走平时，就表示熊市可能要结束了。

汉密尔顿常常提到那句华尔街的老话："不要在低迷的市场中做空。"在熊市中，这不是什么好建议。他认为在熊市中最好的做空时机，就是在激烈反弹后，成交量衰竭的时候，之后下跌会比较活跃，而熊市的主要运动继续运行。他经常说的华尔街的那句老话"不要在低迷的市场中做空"这个建议确实是对多错少，但是它在熊市中是错误的。因为熊市的特点就是下跌非常活跃，而反弹很低迷。（1909 年 5 月 21 日）

下面是汉密尔顿在 1921 年发表的文章中的节选，其中部分
内容很重要：

"依照已故的查尔斯·H.道的理论……在熊市中的反弹经常
是快速并且很突然的，特别是在市场的恐慌性下跌以后，这种
特点很明显。这并不是在测试底部，而是测试一下反弹之后的
表现，这时的市场状态很容易成为超卖状态。而大家的情绪都
会很消极。而当电梯服务生都在说自己的空头头寸的时候，专
业人士就要做多了。"

"熊市中的次级调整运动，就像平均指数在过往历史中所表
现的那样，都有惊人的统一性，而之后的'线型窄幅横盘'状
态就会验证大家的收集能力。在暴跌的时候，一般在支撑位都
会出现非常多的买盘，来进行一些保护措施，但这些买盘的仓
位不大，防止无法平仓，这些股票会在反弹的时候被抛售出去。
大部分的卖空平仓和低价买入会相抵，但是如果收集能力不够，
就会出现连续逐渐下跌的情况，往往会创出新低。"（1921 年 6
月 23 日）

"被平均指数长期测试过的经验就是，在 1 年以上的牛市中与次级调整运动做比较，上涨较为缓慢。同理，在熊市中，反弹也是非常迅速的。"（1910 年 3 月 19 日）

因此，理解牛市或熊市的运行特点和原理是非常重要的。

在熊市中，绩优股也会受到垃圾股的牵连。因为大家手中的一些股票可以很容易地套现，而另一些则很难。在经济大萧条中，从来没有进行过投机的人们被迫将保险柜中的绩优股套现。尽管这样需要承受很大的损失，但是出于对生计的考虑，只能这样做。这些人存的这些"保险"基金，这时真的出现了"险情"，需要使用了。这些人能够通过变卖房产或者其他财产，但是这东西也是没有人愿意购买的。可能他们还拿出了之前的保险金，这样就会让保险公司为了能够拿出保险金而去低价卖出一些有价证券。还有可能这些人用光了银行里的存款，使得银行又出低价出售了他们的有价证券，为了维持准备金。这样就会造成一种恶性循环，使绩优股在没有充足买家接盘的情况下抛出。换个说法是供求关系，当供大于求时，价格就会下跌。得到过许多著名咨询公司提供的建议的读者们可能会感到疑惑，为何这些经济专家会不理会在熊市中的这个阶段。

什么致使熊市结束呢？在《股市晴雨表》中，牛市、熊市形成的整个循环得到了精彩的阐述：

"早晨起床后，突然发现我们的工资飞涨，并且大大超过我们的开销，而到处都能闻到投机的味道。经济状况从萧条慢慢转变为繁荣。投机活动随着高息、工资增加和其他因素中逐渐增多。几年的快乐光景之后，经济链上的薄弱环节由于压力过大而断了……大萧条首先出现在股市和商品市场中，然后就是失业率增加。而银行中的存款正在不断地增加，而用来投机的资金在不断地减少。"

汉密尔顿说过，永远别想通过道氏理论来预测出底部在哪一天出现："任何人都无法从'股市晴雨表'中知道熊市的终点在哪里。"

1921 年 9 月 18 日，平均指数从熊市的最低点上涨了不到 5 个点时，汉密尔顿在《巴伦周刊》中这样写道：

"我们要证明'股市晴雨表'关于预测的价值，这时的市场运动正是一个很好的例子。现在，欧洲的金融状况非常混乱，棉花生产受到了灾难，通货紧缩增加了未知性，立法者和税务相关人员的乱来，战后的通货膨胀，失业以及矿工和铁路工人的工资极少等等。这些利空的因素在国家经济中到处都是，但股市却呈现出了经济转好的迹象。股市一直在说：1919 年 10 月月底、11 月月初展开的熊市，于 1921 年 6 月 20 日走出低点，那时 20 种工业股平均价格指数为 64.90 点，20 种铁路股平均价格指数为 65.52 点。"

几天以后的《华尔街日报》，汉密尔顿又作出如下评论：

"很多记者都给本报来信，提醒注意这些利空的情况，而且根据这些提出问题，为何 9 月 21 日发表的经过研究平均指数后得到的结论，说股市好像在准备发展为牛市？给出的每种原因都是一些利空的原因，比如发生在德国的倒闭、铁路运输的价格和工资、关税和税收的未知性，同时愚钝的国会对这些并没过多考虑。对此的答案是，股市已经综合分析了所有的事情，它所拥有的信息，比每一个评论家拥有的信息

都要多很多。"（1921 年 10 月 4 日）

依照前面说的这些分析预测，本书的作者在那时买入了一些股票和债券，而恰恰是因为这次的投资，使本书作者有了购买房产和进行一些商业投资的资金。而这些房产和商业投资的利润，使作者过上了奢侈的生活，不用在政府医院的退伍军人病房里度过剩下的日子。正是由于这些成功的分析预测和赢利，使作者在以后充满了对研究平均指数的热情，这是一种探索精神，而后发展成了使人迷恋而又有趣并且可以得到利润的消磨时间的方式。

1921 年的秋天，作者写信给汉密尔顿，问他预测市场的一些详细情况。汉密尔顿回答说，近期成交量很少，平均指数窄幅横盘，利空消息没有使市场下跌，没有出现过反弹，所有的情况都说明最萧条的时期已结束了。他还说这些预测被日内波动所验证。

本书的下一页画有几幅走势图，可以观察平均指数在熊市底部运行的一些运动特征。9 个熊市的底部依照时间顺序由上向

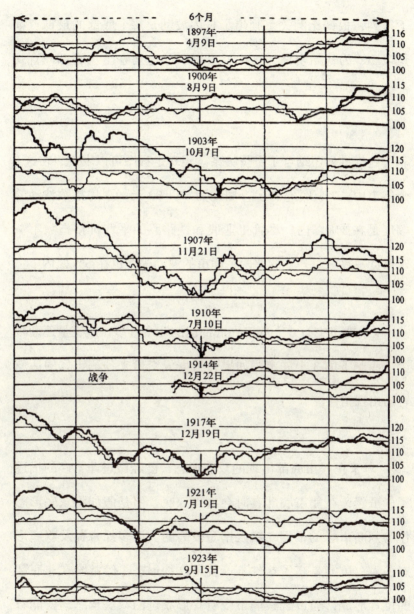

道·琼斯平均价格指数：9个熊市的6个月的谷底

（制图资料来源："GRAPHIC CHARTS: DOW-JONES DAILY
STOCK AVERAGES AND SALES"）

下排列，根据比例关系画出了日内波动，每个底部的最低点都是以 100 为初始坐标，这样就可以明显地观察出从底部一直到反转的幅度。

这样排列还结合了量价关系。观察走势图可以发现，在这 9 个熊市中，7 个底部的运行周期为 60 ~ 90 天，平均指数波动的幅度是在 3% 以内，尽管工业股和铁路股的平均价格指数不一定保持一致。而剩下的那两个熊市的波动幅度也在 5% 之内。

9 个熊市中有 6 个熊市在底部前的几个月里，成交量逐渐减少。而剩下的 3 个熊市，如果只根据成交量来预测市场的话就容易出现错误。

对于在熊市底部出现的双底形态，已经做过非常多的描述了。虽然，在熊市底部有时会出现双底，但是假如将双底形态作为判断市场的根据，错误率是较高的。许多经常提及双底形态的人，可能是忘了这件事，就是这种形态，经常会在非底部的位置形成，通过观察熊市中所有形成过的双底形态，就能看出这个形态的确会形成于熊市的较低位置，但这个位置并不是最终的最低点。这时两种平均指数的走势图就很有用了，如果这两种平均指数不能互相验证的话，就说明这不能完全证明主要运动发生了反转。

预测熊市的走势应该比预测牛市的走势要简单很多。至少可以这样说，找到底部要比找到顶部容易很多。

在平均指数的学习研究者中，能够在熊市的底部上升 10% 以内抄到底的人是非常幸运的。而那些精通道氏理论的研究者，能够很轻松地在上升 20% 以内抄到底。

第 9 章
牛　市

道 / 氏 / 理 / 论

牛市就是指市场总体是上升的，而重要的次级调整运动也是其重要的组成部分，牛市的持续时间通常大于两年。在牛市时，经济状况日益改善，投资和投机活动逐渐增多，成交量也随之逐渐加大，使得股票的价格一路飞涨。牛市分为三个阶段：第一阶段是大家恢复了对今后经济状况的信心；第二阶段是股价反映出其上市公司的盈利能力的提高；第三阶段是，猖獗的投机活动，伴随着高通货膨胀，所以股票价格仅仅因为大家投机的期望而上涨，没有得到基本面上的支持。

和之前说的一样，道氏理论是一门实践性科学，它根据铁路股和工业股的平均价格指数，经过观察和研究之后的出一些关于预测市场未来走势的结论。在投机时，精通道氏理论的最大好处就是能明确预测出什么时候熊市会结束而牛市会开始。

汉密尔顿就能轻而易举地抄到底部。他多次提到，找到熊市的底部要比找到牛市的顶部简单很多。他成功的原因可以归功于他在金融方面敏锐的洞察力。可是那些在这方面稍微薄弱点的交易者，在恰当的时间，也可以成功地运用道氏理论。他们并不需要高深的相关知识，只需要能准确地明白平均指数的含义就可以了。

大家必须要牢记，判断牛市和熊市时，牛市的第一阶段和熊市最后那次次级调整运动看起来极为相像，只能在运行一段时间之后才能区分开。同理，熊市的首个阶段，也和牛市的最后一次次级调整运动一样，也要区分出来。因此，当谈论熊市结束时，一定会包括牛市的开始。在前面一章里，我们探讨了熊市结束时市场表现一些特点。这次还要强调，在熊市将要结束时，市场不再被利空消息和不良情绪影响，也不会再发生反弹的运动，这时市场处于一种均衡状态中，投机气氛极低，卖方的抛售不能使价格下跌，但是能使价格上涨的买家又没有需求。这时的参与度极低。整体市场情绪低迷，股票没有分红，部分大公司出现了财务上的困难，连政治局势都会出现一些动荡。所有这些综合在一起，股市形成了"线型窄幅横盘"状态。

之后，当这个"线型窄幅横盘"状态被验证突破后，两种平均
指数就会发出明显的主要运动信号，上涨时的顶部会逐渐升高，
而回调时的底部也是如此。这时，才是做多的最好机会，投资
者要有足够的耐心，假如在价格从高位回调较深，而之后的涨
又穿越了前面的顶部时就是安全做多的机会。

可能会有人问，为什么 1930 年春季的那次运动属于次级
调整运动，而不能表明熊市的结束牛市的开始？第一个原因是，
研究平均指数的交易者都会发现，往往牛市开始的时候不是剧
烈的上涨；另一个原因就是在熊市的开始时，反弹 25% 是常有
的事，甚至 100% 的反弹都发生过。与牛市开始相关的评论文
章有很多，接下来的是一篇评论文章的节选，讲述了牛市是怎
样从底部开始发展的：前期熊市的下跌，使股票的价格远低于
其所具有的价值。这时股票交易所就是一块遍地都是便宜货的
宝地，而其他东西对资金已经没有任何的吸引力了。股市作为
经济状况的晴雨表，重要的体现就是因为这个，股市一定会是
最先的一个感到资金的动向。

"牛市的首个阶段，是股价反映出大家对它内在价值的认

可；第二阶段，往往都是持续时间最长的一个阶段。在这个阶段中，伴随着经济状况的改善，股票的价格向其自身的价值调整，并且变得更加稳定。其中最经常出现的就是牛市中的次级调整运动，它最容易迷惑投资者；第三阶段，股票的价值消融了投资者的信心和对未来发展前景的期望。"（1923 年 6 月 25 日）

从下面这段评论文章的节选可以看出，在牛市股票的价格缓慢上涨时，交易者必须要有坚定的持股耐心，更要有足够的勇气，能承受住正常的牛市中展开的快速次级调整运动。

"从平均指数长期的运动中可以发现，持续运行 1 年以上的牛市，上涨要比回调缓慢很多。同理，在熊市中，下跌要比反弹缓慢很多。"（1910 年 3 月 19 日）

在华尔街进行"稳赢赌博"的精明的投资者，就是在股票价格低于它自身价值的时候买入，最后在较高的价格出手。这些精明的投资者，和商人经商的方法一样。一个精明的商人会在床单布匹和其他棉制品等生活必需品价格低的时候大量买入，接着就等待着价格的上涨，然后卖出。华尔街的专业人士，会在他们认为一些绩优股的价格已经低于其自身价值的时候，并且估算了盈亏之后，暗中购买这些被看好的股票。之后，大家就会意识到股价已经不再继续下跌。消极的情绪和经济上的萧条已经使市场下跌过度，之后大家就会开始买入股票，绩优股供小于求，价格上涨，牛市就这样开始了。汉密尔顿不断警告我们："市场的主要运动的改变一定不是突然性的，由于影响市场主要运动方向的条件肯定不会在一夜发生变化，但影响第一次次级调整运动的条件也许会发生改变。"（1910 年 7 月 29 日）

在此就道氏理论对投机者的实战效果进行探讨，并非关于道氏理论对经济状况的预测。笔者并非有意修改汉密尔顿的名著《股市晴雨表》，汉密尔顿在书中说："平均价格指数的走势可看成是经济状况的晴雨表。那些学习研究道氏理论，并依此来进行投机的交易者，也要认识到道氏理论同时也是经济状况的可信的指标。"

汉密尔顿说过，预测到市场的顶部会较为困难。汉密尔顿在一篇评论文章中表示：

"……准确地抓住市场顶部要比抓住市场的底部还要难得多。在一个时间较长的熊市过后,就可以通过市场公司的盈利、股票红利和货币价值等因素发现平均指数的价格与其价值的差距悬殊。但是,在一个时间较长的牛市过后,一些股票的价格还是在它自身价值附近,许多股票中还有很多的因素没有被反映或消融。还可能是由于情况复杂所造成的,或者准确地说'股市晴雨表'反映出未来经济的稳定发展,价格可能在顶部附近上下波动在一个较小的区域里。有很多类似的例子,价格在顶部附近的区域内波动了快一年之后才迅速下跌并开始了熊市。"(1926 年 2 月 15 日)

汉密尔顿在另一篇评论文章中说:"……精确地预测出主要运动顶部的位置,'股市晴雨表'是做不到的。如果在这个顶部的位置没有投机活动时,则是难上加难了。"(1923 年 6 月 13 日)他的意思是,假设市场中不存在过度投机的行为,就算是一个专业的平均指数研究者,也会把熊市主要运动的第一阶段误认为是牛市中的次级调整运动,这次运动只能在今后的走势中被证明出来。

汉密尔顿常常通过引用华尔街的一些老话来表明他的论点。有一次,平均指数将要接近顶部的时候,他这样说道:"华尔街的专业人士指出,当电梯服务生和修鞋的都去打听小道消息的时候,就是我们清仓并且去钓鱼的时候了。"每次市场在牛市接近顶部的时候,他经常提醒投资者:树并不能长到天上去。

1929 年的春季,牛市在进行殊死一搏之前,汉密尔顿说:"观察平均指数的走势,现在确实是牛市的主要运动在继续运行。"但他在文章中提醒读者,是时候该卖出平仓,把获利收入囊中了。他说:"研究者们要仔细思考一下,大家在买入股票时,其价格是不是已经远远高出其自身的价值?对股票进行投资时,是否因为自己主观的期望而买入股票,而且等待的时间过长了。"(1929 年 4 月 5 日)

1909 年,已经是 20 年前了,就在市场走势形成最高点之前的几天,汉密尔顿如此写道:"千万别忘了,就算现在国家很繁荣,股价也不可能不停地上涨。关于这个已经不断创出市场新高的走势运动,可以说在某种程度上,已经出现膨胀了。

但如果顶部受到抛压时，就会崩溃，开始暴跌，这是无法避免的。"（1909 年 8 月 24 日）

汉密尔顿以前很多次说过对于市场的预测："……尽管现在仍然看好经济状况，但是最终市场一定会反转向下。"（1922年 4 月 6 日）经济学家说，1929 年市场牛市结束之前，经济状况已经开始变差了。也许他们说的是对的，在资金方面，相比较其他市场而言，股市所带来的压力要大很多。暂且不谈市场是不是真的可以预测 1929 年经济反转的可靠性，但是 10 月的时候，市场确实出现了主要运动发生反转的信号。而对于熟练掌握道氏理论，知道如何在次级调整运动进行交易的人来说，在 9 月的时候清仓是必然的。很多人都是这么做的。那时没有清仓的人，希望他们比起自己之前的预测，能更加相信道氏理论吧。

通过观察，1897 年到现在的全部牛市的平均价格指数数据，1929 年的顶部转势是最简单的最容易理解的。

全部通货膨胀都被看出来了。市场的成交量巨大；贷款额

1929 年 10 月 24 日，聚集在纽约股票交易所门前的人们表情不一

创出新高；大部分公司看到赚钱的机会，就将存货变为现金，

将资金注入华尔街想得到巨大的利润；地下私幕行为盛行；交

易所办公区外已经挂上了"请站立等候"的告示牌；投资绩优

股的收益比投资债券的收益还低；垃圾股的价格就像坐上火箭

一样的飞速上涨，大家也无视其自身股价的价值和它的盈利状况；大家都在疯狂地进行投机。交易高手们回想起那几个月的情况，仍然心有余悸，连他们都产生一定会越来越大的思想，然后就在必定的暴跌中被套牢。那些精明的银行家们，是可以提供建议给投资者们，让他们能够逃离这个是非之地，可是他们的话却被当成了反对股市的话。而那些诈骗类型的银行家们，竟然受到赞扬。

1929 年 10 月 29 日，华尔街股市大跌，经济危机爆发

通过道氏理论来预测这样疯狂的市场仍然有效。1929 年春天，根据平均指数的走势可以发现，市场的供需均衡，这就表明有一些大财团正在慢慢吸货。之后，市场中买方的力量压倒了卖方，两种平均指数全部创出了历史新高，市场欢快地上涨。根据道氏理论，市场中存在着充足的力量使价格继续上涨。

1929 年 5 月 12 日到 6 月 5 日的时候，平均指数大幅下跌，但成交量在价格涨的时候是增加的，而价格下跌的时候是减少的。根据道氏理论来看，这次下跌运动仅仅是牛市中的一次次级调整运动。

1929 年 9 月 3 日，市场形成了牛市的大顶。9 月 3 日到 10 月 4 日的时候，一次下跌运动开始了，这次运动看起来好像是牛市中的次级调整运动而已。但当 10 月 5 日开始的上涨时，成交量却不断减少。道氏理论的学习研究者通过观察平均指数的走势图就可以发现，市场中推动上涨的力量已经不够了。而道氏理论的专业人士们，可以看到，市场的上涨没有突破前高，就和熊市中的反弹差不多，这对于道氏理论的学习研究者来说，就是一个明确的迹象，之后就会在 350 点左右清仓了。而这个点数，距离最高点还不到 10% 的幅度。对于还没有清仓的投资者来说，市场每天都在发出警示：在市场价格下跌的时候，成交量正在持续放大。10 月 20 日结束的那个星期，价格跌破了 10 月 4 日的低点，熊市是必定的事情了，这对于了解平均指数的人，是无需争议的了。

汉密尔顿最后一次做的预测，就清楚地告诉大家，熊市在 1929 年 9 月开始了。由于平均指数每日的波动，他对平均指数感到了不安，他于 1929 年 9 月 23 日，在《巴伦周刊》上的一篇评论文章中写道，价格指数已经走出了以前说过的"线型窄幅横盘"状态。他在 1929 年 10 月 21 日的《巴伦周刊》的评论文章中说道，目前出现的所有上涨和下跌的运动，说明熊市已经确定无疑了。他的一篇著名的评论文章《趋势的反转》，于 1929 年 10 月 25 日在《华尔街日报》上发表，他在文章中说，可以肯定自 9 月以来的下跌运动，是熊市的第一阶段。然后就在几个星期后，汉密尔顿突然永远地离开了我们。可以说，汉密尔顿一生中最后的一次预测是最伟大的一次。

第 10 章
次级调整运动

道 / 氏 / 理 / 论

为了研究，我们做了如下规定：把牛市中的重要回调以及熊市中的重要的反弹称作次级调整运动。次级调整运动一般会持续 3 个星期到几个月左右。而这个运动的幅度通常为前面主要运动的 33% ~ 66% 之间。这种运动往往会迷惑投资者，认为主要运动的方向已经产生反转了。原因很简单，就是因为牛市第一阶段运动的样子和熊市中次级反弹很像。同理，熊市第一阶段运动的样子和牛市中的次级回调很像。

次级调整运动是市场的重要组成部分，就像安全阀对于蒸汽锅炉的意义一样。对保证金交易者来说，最危险的就是次级调整运动，但对于那些能理解平均指数的投资者来说，将是一次很好的盈利机会。汉密尔顿说，牛市运行安全的措施之一就是次级调整运动，它可以限制过度投机的行为。

在次级调整运动的过程中，人们往往会有这样的疑惑，次级调整运动将要在什么位置结束？根据对平均指数以往的经验来看，最稳妥的答案是，重要的次级调整运动，通常将会调整到从顶点之后 1/3 ~ 2/3 或者更多的位置。这种统计是非常有价值的。但是，假如非要就次级调整运动结束的位置得到一个准确的数字的话，一定会失败。这就像是一位天气预报人员，精确地预报出某时某地的降雪厚度是 3.5 英寸一样，纯属胡说。预报人员，只能大概预测出降雪的日期，但不可能预测出降雪的具体时间和厚度。这就和一位道氏理论的学习研究者一样。

形成次级调整运动的因素有很多，其中最主要的就是，牛市中的超买状态和熊市中的超卖状态。随着市场主要运动的运行，这种超买或超卖的状态会越来越严重，这一般被称为市场的"技术形态"。一般人以为，次级调整运动往往是因为某一个特别的消息引起的，可真正的原因是处于这种状态下的市场是弱不禁风的，所以市场很容易展开次级调整运动。

在一个行情走势相对健康的牛市运行的时候，大家会大量地买入股票。而大家买入股票的目的就是为了赚钱，可以在价格上涨之后便将其售出，然而，一定会有这么一天，卖方的力量会大于买方的力量。那些专业人士都在关注着这一切，然后大量放空，让价格下跌。之后，一些追涨的人就会感到恐惧，然后也卖出股票，这样就促进了趋势的转换。专业人员和追涨的人一起抛售，股票的价格肯定会大幅下跌。这样，持续了几个星期的牛市出现了很多天的下跌。这样快速的下跌，就使那些成本位较高的头寸为了免受损失而出场。结果，当价格到了一定的位置时，那些精明的专业人士和主力就会继续吸货，为了下一次的上涨。

在熊市中，恰恰相反。随着价格越来越低，那些急需用现金的人不得不抛售股票以换取现金，这也使价格一天比一天低。当专业人士认为让市场的价格下跌比让市场的价格上涨更容易时，他们就会继续做空，使市场加速下跌。结果就是，股票的价格与其自身价值相差悬殊。市场已经过度卖空了，而精明的人认为现在是时候了，他们就会开始吸纳多头筹码，就像平均指数运行的那样，会出现很多周期性的反弹。这样的情况再出现时，1910 年 7 月 29 日，汉密尔顿写道："这属于一次正常的次级调整运动，主要运动的这个阶段的 40% 将会被恢复。但之后的市场会很低迷，大部分专业人士都会卖出股票，这么做是因为市场并没出现大量的看多的力量，使一个真正的牛市来临。"

各种媒体经常报道股市的状态为"空头逃亡"。做空的人快速平仓，然后反手做多，他们和那些不懂的新手一起买入股票，使价格快速地上涨。一直到多方的力量很低的时候，上涨结束，也就是那些在反转的位置短线做多的人平仓离场的时候。永恒不变的供需关系一直在发挥着作用，一直到需求超过供给的时候，价格才会停止下跌。在市场恐慌和半恐慌的下跌过程中，一些银行和其他的财团会买入一部分股票来稳定市场，之后会小心谨慎地在价格上涨的时候卖出这部分股票。1909 年 5 月 21 日，汉密尔顿在文章中这样说，市场的成交量降低有很多的原因。华尔街有句老话就是："不要在低迷的市场中做空。"目前来看这句话正确的次数要多于错误的次数，但是对一个熊市来说，这句话一定是不对的。因为在熊市中，上涨会很低迷，但下跌会非常活跃。

次级调整运动经常会迷惑大家。而汉密尔顿时常这么说他的迷惑："判断牛市中的次级调整运动是十分困难的，它通常会传递给我们虚假的信号。"次级调整运动看起来常常和趋势反转时的运动特征极为相似。正因为广大投资者都存有这样的迷惑，才使得次级调整运动对于市场起到了非常有用的"安全阀"的作用。1924 年 9 月 11 日，汉密尔顿在谈到次级调整运动的时候说道："20 多年来，关于这个问题的经验告诉我们，次级调整运动和牛市主要运动的规律不一样。牛市中出现的次级调整运动，仅仅是在方向上和熊市一样。而本质却大不相同。"在牛市中，当上涨遇到的阻力非常大的时候，次级调整运动就会展开。这就好像是蒸汽锅炉达到安全系数之前，必须要通过安全阀来排掉一部分压力一样。1922 年 11 月 3 日，汉密尔顿在文章中说："在一个没有主观经验和江湖骗术成分的科学体系中，牛市中有次级调整运动是不能被忽略的。在此前曾说过，在次级调整运动展开以前是不可以被预测出来的。次级调整运动的开始，是对那些超买的筹码进行清理。市场在发挥其自有价格的职能，让价格回归到更加安全的位置，让市场更加健康地运行。让那些不容易观察到的不利因素变得容易观察。也可以这么说，对市场的理解就是市场的消融。"

在熊市中平静并且交易量很低的时候，就是做空的最好机会，因为一般后面会出现剧烈的下跌。但是，当市场出现了这样的剧烈下跌之后，就会出现一种半恐慌性的崩盘状态，这个时候就是最好的平仓机会了，甚至都可以去做多。另一方面，在市场平静并且稳定之后又出现成交量的增大并且价格上涨的时候，就是买入股票的时候了。到了市场交易量增加，并且涨了一定幅度之后就可以加仓，而当成交量加大，但价格不再上涨的时候就要平仓了。若投资者在牛市中做空，这就是在赌次级调整运动的出现，这样做空的方法，盈利的可能性微乎其微。对这种人来说，最好的方法就是在价格上涨之后获利平仓，之后在次级调整运动时不要入场，等待调整结束并且市场低迷的时候，再买入做多。调整结束后的市场低迷的时间，就是业余交易者最佳的入场时机，这使他们可以和专业交易者一起以同一个价格做多。

一些次级调整运动有些清晰的特点，而且很容易被发现；其他次级调整运动则是连专业人士都不能预测到的。大家通常以为，根本不能精确地确认次级调整运动的开始和结束。次级调整运动的开始都可能是任何一个与主要运动相反的日内运动，常常在恐慌和半恐慌性的下跌之后，随着成交量的持续放大，

反弹运动开始。而主要运动的最后一天，或者是反弹开始的前
一两天内，才能达到成交量最大的状况。次级调整运动的特点，
就是和主要运动的方向相反，而且从速度上来说，要比之前的
运动快很多。汉密尔顿强调了这一点："熊市中出现的反弹，常
常是很迅速的，并且带有未知性。在时间上，要比前面下跌的
这段时间短很多。在牛市中，回调的特点也是这样的。"常常一
个持续了几个星期的主要运动，能在几天的时间里完成调整。
平均指数的研究者可以通过查看以往平均指数的走势图观察出
这个结论，根据这个结论也可以说在一定程度上可以精确地区
别主要运动和次级调整运动。当平均指数从牛市的顶部开始下
跌时，经常不会迅猛地下跌。而当平均指数从熊市的底部开始
上涨时，经常是缓慢地上涨，其中还会出现一些小幅度的调整，
并且在调整中，成交量出现显著地减少。

　　如果在几天的时间里，铁路股和工业股平均价格指数不能
在方向上互相验证，这往往就代表着次级调整运动将来临。但
这个特点最好别作为规律来运用，因为这个特点也会发生在大
部分牛市的顶和熊市的底。

1921 年 12 月 30 日，汉密尔顿在一篇评论文章中是这样描写次级调整运动的："华尔街有句老话：'不要在低迷的市场中做空。'熊市中的反弹非常迅速，而当市场又变得低迷的时候，经验丰富的交易员们就会去做空。在牛市中的通常也是这样的，交易员们会在市场进行次级调整之后，并且低迷的时候买入股票。"

市场中重要的次级调整运动一般都会分为 2~3 个阶段，最终走出一个形态。在这个过程中，工业股和铁路股平均价格指数往往会互相验证一下。以下通过几个例子，说一下次级调整运动的过程。

1928 年 5 月 4 日，市场在经过长期的上涨之后，开始了次级调整运动。这个是一个在牛市中的次级调整运动的经典例子。1928 年 5 月 4 日，工业股平均价格指数上涨到 220.88 点，铁路股平均价格指数于 5 月 9 日上涨到 147.05 点。从 5 月 9 日到 14 日之间，两种平均指数并没有互相验证。5 月 22 日，工业股平均指数下跌到 211.73 点，铁路股平均指数下跌到 142.02 点。之后，6 月 2 日，市场出现了一次反弹。6 月 12 日，工业股平均指数跌到 202.65 点，铁路股平均指数跌到 134.78 点。6 月 14 日，市场出现了两天的反弹，工业股平均指数涨到 210.76 点，铁路股平均涨到 138.10 点。6 月 18 日，工业股平均指数跌到 201.96 点，铁路股平均指数跌到 133.51 点。但是，这段时间内的成交量是不断减少的，在最低点的时候成交量仅有 100 万股左右，而很多个月的时间里，成交量一般都在 200 万~400 万股左右。这次回调就在次级调整运动的范围内完成了。

1931 年 6 月到 7 月，市场开始了熊市中的次级调整运动。1931 年 2 月 24 日到 6 月 2 日，工业股平均指数从 194.36 点跌到了 121.70 点，铁路股平均指数从 111.58 点跌到 66.85 点。在不断下跌的过程中，成交量在不断地放大。6 月 4 日，工业股价格指数反弹到了 134.73 点，之后的交易日内，铁路股平均指数也很快地反弹到 76.17 点。6 月 6 日，工业股平均指数跌到 129.91 点，铁路股平均指数跌到 73.72 点。之后市场展开了反弹，6 月 13 日，两种平均指数分别涨到 137.03 点和 79.65 点。6 月 19 日，两种平均指数分别跌到 130.31 点和 74.71 点。这时，市场开始了最后的反弹，一直持续到 6 月 27 日，两种指数分别是 156.93 点和 88.31 点。注意，成交量在反弹到最高点前的几天里就开始不断减少了。这次反弹持续了 4 周的时间，两种指数的反弹，从之前 2 月 24 日的高点开始算，分别反弹到 45% 和 48% 的位置。

在牛市发生的次级调整运动，通常都会有这样一个特征，当调整到位后，成交量会出现明显的增大。之后市场会上涨一两天，成交量会保持增大或稍微减少。之后，市场会又一次下跌，但是并没能突破前面的低点，若是成交量降低，就表明次级调整运动已经结束了，市场的主要运动会继续开始。次级调整运动的幅度的正常范围是，前一阶段主要运动的 33% ~ 66% 之间。

本章后面会对次级调整运动的幅度的百分比进行详细的阐述。

这点要着重强调一下，就是任何一个交易者在研究次级调整运动的时候，必须要注意成交量，并且是要始终注意。成交量和其他那些特点不一样，它没有固定的意义，可它在判断牛市中回调的安全买入点和熊市中反弹的安全卖出点是很有用的。

在每次熊市，价格创出新低或者在每次牛市，价格创出新高点的时候，大家一般都会坚信主要运动仍然会继续很长时间。但是，每个投资者都要知道，每次这种新高或新低的产生，可能之后就会突然展开次级调整运动。本章最后会对次级调整运动的调整幅度进行讨论。次级调整运动是一定会出现的，避免不了，但它持续的时间一般是可以预测出来的。次级调整运动大多会持续 3 周到 3 个月左右，同时，这段时间也是保证金交易者最担惊受怕的时间。同时，大家还能在这段时间看到双顶或双底的形态。只要价格在主要运动和次要运动的幅度区域之内，投资者就可以耐心等待。同时在这段时间内还会形成"线型窄幅横盘"状态。

次级调整运动很容易被叙述，但是却很难准确地定义它。有的时候，它会通过"线型窄幅横盘"展开或者结束，有时就不是这样。若前面主要运动的速度通常相对缓慢，而之后的次级调整运动通常会比较激烈，并且会出现"线型窄幅横盘"状态，这些都是每一次持续时间超过 8 个星期的次级调整运动共有的特点。

关于次级调整运动的持续时间和幅度这个问题，汉密尔顿曾有过非常多的论述。他的读者们可以从其撰写的文章中看到很多次级调整运动的描述。以下列举的内容都是从他文章中节选出来的。

汉密尔顿曾经写道：

"……通过研究以前25年的数据记录，次级调整运动，经常会在前面主要运动的60%的位置结束反弹。在这次反弹中，那些为了救市，以此来帮助那些仍然持有做多股票头寸的人的财团，抛售了买入的股票。之后这些股票的吸收情况决定着之后市场的走势。这个反弹结束后就会是半恐慌性的下跌，还会继续卖出股票。就这样，随着时间的流逝，市场又接近了前面的低点。这并不意味着主要运动的结束。"（1926年3月4日）

"……平均指数往往会开始一次规律性的反弹的运动，当市场开始恐慌，形成了激烈的下跌之后。这样的反弹一般会达到前面运动的40%～60%左右。之后，价格会随着那些以保护市场为目的而买入的股票被抛出而一起下跌。"（1907年12月25日）

"在市场经过大幅度的暴跌以后，会出现幅度为40%左右的
反弹，这个反弹的速度相比前面下跌的速度会慢一些，由无数
的无方向小幅运动组成，市场就像一个钟摆一样，当达到平衡
时，它才会停下来，这种情况在恐慌性暴跌之后很常见。"（1910
年9月20日）

"经过长时间的检测，平均指数在长时间上涨之后的下跌
中，一般情况下会在上涨幅度的1/2处停住。之后价格就会在
高点和低点之间上下运动，直到市场有了新的力量。"（1906年
4月16日）

以上这些论述都是汉密尔顿在多年中对次级调整运动的观
察和总结，这些心得都是正确的。这些心得有这样一个前提假设，
就是对于每一个想要准确判断预测出次级调整运动持续的时间
和幅度的人，一定会失败的。和前面说到过的一样，道氏理论
是一门经验实践性质的科学，不可能用精确的数字计算来定义。
就像是气象部门多年以来的天气记录对天气预报的帮助，将次
级调整运动的持续时间和幅度进行统计和记录，对判断和预测
将来的市场运动会有很大的帮助。

　　如果想要将道·琼斯公司对以前35年里，两种平均指数发生的重要的次级调整运动进行整理分类，是一件很困难的事情，因为很难找到相同的选择标准。作者以前也试过通过很多的标准对次级调整运动进行整理分类，任何一种办法都是枯燥无味的，并且需要大量的时间，得到的结果却不满意。作者进行这项工作的时候，把那些持续时间不够15天的次级调整运动都忽略了，其结果就是有大量重要的次级调整运动被忽略掉了，而又会有一些不重要的次级调整运动被记录了下来。之后，又放弃考虑持续时间，而是把幅度在5%之内的次级调整运动忽略掉，然后把标准定为7.5%～10%，结果和上面的一样，很多重要的都被忽略掉了，很让人失望。最后，作者找出了一种方法。因为这种方法十分复杂，这里就不做详细介绍了。这种方法可以忽略掉那些较小的次级调整运动，保留下重要的次级调整运动。如本章附图所示，表1统计了以前35年内工业股平均价格指数的上涨和下跌。表2和表3是对表1按时间和价格进行的详细划分。这两张图表详细地展示了牛市和熊市，还有它们包括的主要运动和次级调整运动。经过整理这些数据，得出以下的结论：

在熊市中，主要运动平均持续 95.6 天，次级调整运动平均持续时间为 66.5 天，即前面主要运动平均持续时间的 69.6% 左右。在牛市中，主要运动平均持续时间为 103.5 天左右，次级调整运动平均持续时间为 44.2 天，即前面主要运动平均持续时间的 40.8% 左右。

汉密尔顿经常说，次级调整运动一般持续 3 个星期到几个月。为了验证这个结论，我们通过观察看到，熊市中的次级调整运动中，能在 20~100 天内结束的占总数的比例是 65.5%，平均持续时间为 47.3 天。里面占总数 45% 的次级调整运动，持续 25~55 天就结束了。在牛市中，根据数据，能在 20~100 天内结束的占总数的 60.5%，平均持续时间为 42.8 天。能在 25~55 天结束的占总数的 44.2%。

汉密尔顿经常说，次级调整运动的幅度一半会在前面主要运动的 40%~60% 的位置。为了证明这个结论，通过观察，熊市中，次级调整运动的平均幅度为 55.8%。占总数 72.5% 的次级调整运动的幅度在 1/3~2/3 之间。再把这些次级调整运动的幅度平均一下，得到的结果是 49.5%。

在牛市中，观察出的结果是：次级调整运动的平均调整幅度为 58.9%。其中只有一半的运动在 1/3～2/3 之间。这一半次级调整运动的平均调整幅度为 54.9%。

关于次级调整运动，牛市和熊市的时候，有很多一样的地方，所以我们可以整体研究，不用单独分开。从统计中可以看出，主要运动平均持续时间为 100.1 天后才会展开次级调整运动。所有次级调整运动的平均持续时间为 52.2 天。平均调整幅度为 57.6%。

假设大多数次级调整运动调整到主要运动前一阶段的 57% 就停止的话，那么交易就会是一件不太复杂的事情。可惜，经研究表明：有 7.1% 的次级调整运动，在调整幅度为 10%～25% 的时候就结束了；有 25.4% 的次级调整运动，在调整 40%～55% 的时候就结束了；有 26.7% 的次级调整运动，调整幅度到达 55%～70% 的时候就结束了；有 8.5% 的次级调整运动在调整幅度为 70%～85% 的时候就结束了；有 14% 的次级调整运动，调整幅度超过 85% 后才结束。

在研究次级调整运动的时候，时间因素也是非常重要的。
因为 73% 的次级调整运动通常在 55 天内结束，而且 60% 的次
级调整运动都是在 25～55 天内结束的。

表 1　重要的主要运动和次级调整运动：
道·琼斯工业股平均价格指数

	日期	价格
下跌	1897年4月19日	38.49
上涨	1897年9月10日	55.84
下跌	1897年11月8日	45.65
上涨	1898年2月5日	50.23
下跌	1898年3月25日	42.00
上涨	1898年6月2日	53.36
下跌	1898年6月15日	50.87
上涨	1898年8月26日	60.97
下跌	1898年10月19日	51.56
上涨	1899年4月25日	77.28
下跌	1899年5月31日	67.51
上涨	1899年9月5日	77.61
下跌	1899年12月18日	58.27
上涨	1900年2月5日	68.36

续表

		日期	价格
下跌		1900年6月23日	53.68
	上涨	1900年8月15日	58.90
下跌		1900年9月24日	52.96
	上涨	1900年11月20日	69.07
下跌		1900年12月8日	63.98
	上涨	1900年12月27日	71.04
下跌		1901年1月19日	64.77
	上涨	1901年5月1日	75.93
下跌		1901年5月9日	67.38
	上涨	1901年6月17日	78.26
下跌		1901年8月6日	69.05
	上涨	1901年8月26日	73.83
下跌		1901年12月12日	61.61
	上涨	1902年4月24日	68.44
下跌		1902年11月15日	59.57
	上涨	1903年2月16日	67.70
下跌		1903年8月8日	47.38
	上涨	1903年8月17日	53.88
下跌		1903年10月15日	42.25
	上涨	1904年1月27日	50.50

续表

	日期	价格
下跌	1904年3月12日	46.41
上涨	1904年12月5日	73.23
下跌	1904年12月12日	65.77
上涨	1905年4月14日	83.75
下跌	1905年5月22日	71.37
上涨	1906年1月19日	103.00
下跌	1906年7月13日	85.18
上涨	1906年10月9日	96.75
下跌	1907年3月25日	75.93
上涨	1907年5月3日	81.02
下跌	1907年8月21日	69.26
上涨	1907年9月6日	73.89
下跌	1907年11月22日	53.08
上涨	1908年1月14日	65.84
下跌	1908年2月10日	58.80
上涨	1908年5月18日	75.12
下跌	1908年6月23日	71.70
上涨	1908年8月10日	85.40
下跌	1908年9月22日	77.07
上涨	1908年11月13日	88.38

续表

	日期	价格
下跌	1909年2月23日	79.91
上涨	1909年8月14日	99.26
下跌	1909年11月29日	95.89
上涨	1909年12月29日	99.28
下跌	1910年2月8日	85.03
上涨	1910年3月8日	94.56
下跌	1910年7月26日	73.62
上涨	1910年10月18日	86.02
下跌	1910年12月6日	79.68
上涨	1911年6月19日	87.06
下跌	1911年9月25日	72.94
上涨	1912年4月26日	90.93
下跌	1912年7月12日	87.79
上涨	1912年9月30日	94.15
下跌	1913年3月20日	78.25
上涨	1913年4月4日	83.19
下跌	1913年6月11日	72.11
上涨	1914年2月3日	83.19
下跌	*1914年12月24日	53.17
上涨	1915年1月23日	58.52

续表

	日期	价格
下跌	1915年2月24日	54.22
上涨	1915年4月30日	71.78
下跌	1915年5月14日	60.38
上涨	1915年10月22日	96.46
下跌	1916年4月22日	84.96
上涨	1916年11月21日	110.15
下跌	1917年2月2日	87.01
上涨	1917年6月9日	99.08
下跌	1917年12月19日	65.95
上涨	1918年2月19日	82.08
下跌	1918年4月11日	75.58
上涨	1918年5月15日	84.08
下跌	1918年6月1日	77.93
上涨	1918年9月3日	83.84
下跌	1918年9月11日	80.46
上涨	1918年10月18日	89.07
下跌	1919年2月8日	79.15
上涨	1919年7月14日	112.23
下跌	1919年8月20日	98.46
上涨	1919年11月3日	119.62

续表

	日期	价格
下跌	1919年11月29日	103.60
上涨	1920年1月3日	109.88
下跌	1920年2月25日	89.98
上涨	1920年4月8日	105.65
下跌	1920年5月19日	87.36
上涨	1920年7月8日	94.51
下跌	1920年8月10日	83.20
上涨	1920年9月17日	89.95
下跌	1920年12月21日	66.75
上涨	1921年5月5日	80.03
下跌	1921年6月20日	64.90
上涨	1921年8月2日	69.95
下跌	1921年8月24日	63.90
上涨	1921年9月10日	71.92
下跌	1921年10月17日	69.46
上涨	1921年12月15日	81.50
下跌	1922年1月10日	78.59
上涨	1922年5月29日	96.41
下跌	1922年6月12日	90.73
上涨	1922年9月11日	102.05

续表

	日期	价格
下跌	1922年9月30日	96.30
上涨	1922年10月14日	103.43
下跌	1922年11月27日	92.03
上涨	1923年3月20日	105.38
下跌	1923年5月21日	92.77
上涨	1923年5月29日	97.66
下跌	1923年7月31日	86.91
上涨	1923年8月29日	93.70
下跌	1923年10月27日	85.76
上涨	1924年2月6日	101.31
下跌	1924年5月20日	88.33
上涨	1924年8月20日	105.57
下跌	1924年10月14日	99.18
上涨	1925年1月22日	123.60
下跌	1925年3月30日	115.00
上涨	1926年2月13日	162.08
下跌	1926年3月30日	135.20
上涨	1926年8月14日	166.64
下跌	1926年10月19日	145.66
上涨	1927年5月31日	172.96

续表

	日期	价格
下跌	1927年6月27日	165.73
上涨	1927年10月3日	199.78
下跌	1927年10月22日	179.78
上涨	1928年1月3日	203.35
下跌	1928年2月20日	191.33
上涨	1928年6月2日	220.96
下跌	1928年6月18日	201.96
上涨	1928年9月7日	241.72
下跌	1928年9月27日	236.87
上涨	1928年11月28日	295.62
下跌	1928年12月8日	257.33
上涨	1929年2月5日	322.06
下跌	1929年3月25日	297.05
上涨	1929年5月4日	327.08
下跌	1929年5月27日	293.42
上涨	1929年9月3日	381.17
下跌	1929年11月13日	198.69
上涨	1930年4月17日	294.07
下跌	1930年6月24日	211.84
上涨	1930年9月10日	245.09

续表

	日期	价格
下跌	1930年12月16日	157.51
上涨	1931年2月24日	194.36
下跌	1931年6月2日	121.70
上涨	1931年6月27日	156.93
下跌	1931年10月5日	86.48
上涨	1931年11月9日	116.79

＊当工业股平均价格指数的股票数量从 12 种增加到 20 种的时候，工业平均价格指数减少了 19.84 点。

表2　牛市：道·琼斯工业股平均价格指数

主要运动				次级调整运动			
开始时间	结束时间	持续时间（天）	主要运动的点数	结束时间	持续时间（天）	调整的点数	调整点数占主要运动的百分比（%）
1897年4月19日	1897年9月10日	144	17.33	1897年11月8日	59	10.17	58.6
1897年11月8日	1898年2月5日	89	4.58	1898年3月25日	48	8.23	179.5
1898年3月25日	1898年6月2日	69	11.36	1898年6月15日	13	2.49	21.9
1898年6月15日	1898年8月26日	72	10.10	1898年10月19日	54	9.41	93.2
1898年10月19日	1899年4月25日	188	25.72	1899年5月31日	36	9.77	38.0
1899年5月31日	1899年9月5日	97	10.10	1899年9月5日	（开始熊市）		
1900年9月24日	1900年11月20日	57	16.11	1900年12月8日	18	5.09	31.5
1900年12月8日	1900年12月27日	19	7.06	1901年1月19日	23	6.27	88.8
1901年1月19日	1901年5月1日	102	11.16	1901年5月9日	8	8.56	76.5
1901年5月9日	1901年6月17日	39	10.88	1901年6月17日	（开始熊市）		
1903年10月15日	1904年6月27日	104	8.25	1904年7月12日	44	4.09	49.6

续表

主要运动				次级调整运动			
开始时间	结束时间	持续时间（天）	主要运动的点数	结束时间	持续时间（天）	调整的点数	调整点数占主要运动的百分比（%）
1904年7月12日	1904年12月5日	268	26.82	1904年12月12日	7	7.46	27.8
1904年12月12日	1905年4月14日	123	17.98	1905年5月22日	38	12.38	69.0
1905年5月22日	1906年1月19日	242	31.63	1906年1月19日	（开始熊市）		
1907年11月22日	1908年1月14日	53	12.76	1908年2月10日	27	7.04	55.4
1908年2月10日	1908年5月18日	97	16.32	1908年6月23日	36	3.42	20.9
1908年6月23日	1908年8月10日	48	13.70	1908年9月22日	43	8.33	60.8
1908年9月22日	1908年11月13日	52	11.31	1909年2月23日	102	8.47	74.9
1909年2月23日	1909年8月14日	172	19.35	1909年8月14日	（开始熊市）		
1911年9月25日	1912年4月26日	213	17.99	1912年7月12日	77	2.96	16.5
1912年7月12日	1912年9月30日	80	6.18	1912年9月30日	（开始熊市）		
1914年12月24日	1915年1月23日	30	5.35	1915年2月24日	32	4.30	80.4
1915年2月24日	1915年4月30日	65	17.56	1915年5月14日	14	11.40	64.9

续表

主要运动				次级调整运动			
开始时间	结束时间	持续时间（天）	主要运动的点数	结束时间	持续时间（天）	调整的点数	调整点数占主要运动的百分比（%）
1915年5月14日	1915年10月22日	161	36.08	1916年4月22日	182	11.50	31.8
1916年4月22日	1916年11月21日	213	25.19	1916年11月21日	（开始熊市）		
1917年12月19日	1918年2月19日	62	16.13	1918年4月11日	51	6.50	40.3
1918年4月11日	1918年5月15日	34	8.46	1918年6月1日	17	6.11	72.3
1918年6月1日	1918年9月3日	94	5.91	1918年9月11日	8	3.38	57.2
1918年9月11日	1918年10月18日	37	8.61	1919年2月8日	113	9.92	115.1
1919年2月8日	1919年7月14日	156	33.08	1919年8月20日	37	13.77	41.6
1919年8月20日	1919年11月3日	75	21.16	1919年11月3日	（开始熊市）		
1921年8月24日	1921年9月10日	17	8.02	1921年10月17日	37	2.46	30.7
1921年10月17日	1921年12月15日	59	12.04	1922年1月10日	26	2.91	24.2
1922年1月10日	1922年5月29日	139	17.82	1922年6月12日	14	5.68	31.8
1922年6月12日	1922年9月11日	91	11.32	1922年9月30日	19	5.75	50.7

续表

主要运动				次级调整运动			
开始时间	结束时间	持续时间（天）	主要运动的点数	结束时间	持续时间（天）	调整的点数	调整点数占主要运动的百分比（%）
1922年9月30日	1922年10月14日	14	7.13	1922年11月27日	44	11.40	160.0
1922年11月27日	1923年3月20日	113	13.35	1923年3月20日	（开始熊市）		
1923年10月27日	1924年2月6日	102	15.55	1924年5月20日	103	12.98	83.4
1924年5月20日	1924年8月20日	92	17.24	1924年10月14日	55	6.39	37.1
1924年10月14日	1925年1月22日	100	24.42	1925年3月30日	67	8.60	35.2
1925年3月30日	1926年2月13日	320	47.08	1926年3月30日	45	26.88	56.3
1926年3月30日	1926年8月14日	137	31.44	1926年10月19日	66	20.98	66.6
1926年10月19日	1927年5月31日	224	27.30	1927年6月27日	27	7.23	26.4
1927年6月27日	1927年10月3日	98	34.05	1927年10月22日	19	20.00	58.6
1927年10月22日	1928年1月3日	73	23.57	1928年2月20日	48	12.02	51.2
1928年2月20日	1928年6月2日	102	29.63	1928年6月18日	16	19.00	64.1
1928年6月18日	1928年9月7日	81	39.76	1928年9月27日	20	4.85	12.4

续表

主要运动				次级调整运动			
开始时间	结束时间	持续时间（天）	主要运动的点数	结束时间	持续时间（天）	调整的点数	调整点数占主要运动的百分比（%）
1928年9月27日	1928年11月8日	62	58.75	1928年12月8日	10	38.29	65.4
1928年12月8日	1929年2月5日	59	64.73	1929年3月25日	48	24.56	37.9
1929年3月25日	1929年5月4日	40	29.58	1929年5月27日	23	33.66	114.0
1929年5月27日	1929年9月3日	99	87.75	1929年9月3日	（开始熊市）		

表3 熊市：道·琼斯工业股平均价格指数

主要运动				次级调整运动			
开始时间	结束时间	持续时间（天）	主要运动的点数	结束时间	持续时间（天）	调整的点数	调整点数占主要运动的百分比（%）
1899年9月5日	1899年12月18日	104	19.34	1900年2月5日	49	10.09	51.7
1900年2月5日	1900年6月23日	138	14.68	1900年8月15日	53	5.22	35.6
1900年8月15日	1900年9月24日	40	5.94	1900年9月24日	（开始牛市）		
1901年6月17日	1901年8月6日	50	9.21	1901年8月26日	20	4.78	51.9

续表

主要运动				次级调整运动			
开始时间	结束时间	持续时间（天）	主要运动的点数	结束时间	持续时间（天）	调整的点数	调整点数占主要运动的百分比（%）
1901年8月26日	1901年12月12日	108	12.22	1902年4月24日	133	6.83	55.9
1902年4月24日	1902年12月15日	235	8.77	1903年2月26日	63	8.13	92.7
1903年2月26日	1903年8月8日	173	20.32	1903年8月17日	9	6.50	31.5
1903年8月17日	1903年10月15日	59	11.63	1903年10月15日	（开始牛市）		
1906年1月19日	1906年7月13日	175	17.82	1906年10月9日	88	11.57	64.9
1906年10月9日	1907年3月25日	167	21.36	1907年5月3日	39	9.63	45.2
1907年5月3日	1907年8月21日	110	15.77	1907年9月6日	16	4.64	29.5
1907年9月6日	1907年11月22日	77	20.81	1907年11月22日	（开始牛市）		
1909年8月14日	1909年11月29日	107	3.37	1909年12月29日	30	3.39	100.6
1909年12月29日	1910年2月10日	41	14.25	1910年3月8日	28	9.53	66.9
1910年3月8日	1910年7月26日	140	20.94	1910年10月18日	84	12.40	58.5
1910年10月18日	1910年12月6日	49	6.34	1911年6月19日	195	7.38	116.5

续表

主要运动				次级调整运动			
开始时间	结束时间	持续时间（天）	主要运动的点数	结束时间	持续时间（天）	调整的点数	调整点数占主要运动的百分比（%）
1911年6月19日	1911年9月25日	98	14.12				
1912年9月30日	1913年3月20日	171	15.90	1913年4月4日	15	4.94	31.1
1913年4月4日	1913年6月11日	68	11.08	1914年2月3日	237	11.08	100.0
*1914年2月3日	1914年12月24日	324	10.80				
1916年11月21日	1917年2月2日	73	23.14	1917年6月9日	127	12.07	52.2
1917年6月19日	1917年12月19日	135	33.13				
1919年11月3日	1919年11月29日	26	16.02	1920年1月3日	35	6.28	39.2
1920年1月3日	1920年2月25日	53	19.90	1920年4月8日	42	15.67	78.7
1920年4月8日	1920年5月19日	41	18.29	1920年7月8日	50	7.15	39.1
1920年7月8日	1920年8月10日	33	11.31	1920年9月17日	38	6.75	59.6
1920年9月17日	1920年12月21日	95	23.20	1921年5月5日	135	13.28	56.6
1921年5月5日	1921年6月20日	46	15.13	1921年8月2日	43	5.05	33.4

续表

主要运动				次级调整运动			
开始时间	结束时间	持续时间（天）	主要运动的点数	结束时间	持续时间（天）	调整的点数	调整点数占主要运动的百分比（%）
1921年8月2日	1921年8月24日	22	6.05	1921年8月24日	（开始牛市）		
1923年3月20日	1923年5月21日	62	12.61	1923年5月29日	8	4.89	38.8
1923年5月29日	1923年7月31日	63	10.75	1923年8月29日	29	6.79	63.2
1923年8月29日	1923年10月27日	59	7.94	1923年10月27日	（开始牛市）		
1929年9月3日	1929年12月13日	71	182.48	1930年4月17日	155	95.38	52.3
1930年4月17日	1930年6月24日	68	82.23	1930年9月10日	78	33.25	40.4
1930年9月10日	1930年12月16日	97	87.58	1931年2月24日	70	36.85	42.1
1931年2月24日	1931年6月2日	98	72.66	1931年6月27日	25	35.23	48.5
1931年6月27日	1931年10月5日	100	70.45	1931年11月9日	35	30.31	43.0
1931年11月9日	1932年1月5日	57	45.55	1932年1月5日	（开始牛市）		

＊当工业股平均价格指数的股票数量从 12 种增加到 20 种的时候，工业平均价格指数减少了 19.84 点。

第11章
日内波动

道 / 氏 / 理 / 论

只根据一天平均指数的运动来进行市场预测，得到错误的结果是必然的。当市场出现"线型窄幅横盘"状态后，根据日内波动进行预测才会有点价值。不管怎样，我们必须要注意记录每日平均指数的运动。因为将这些记录联系起来，就可以形成我们需要重点研究的形态。这个形态是最重要的，容易发现的，最有预测价值的。

单一地观察市场某一天的价格和成交量基本没有什么价值，但我们也不能完全忽略每天的价格，原因就是只有当多个日内波动组成对我们有用的可以预测的形态结构时，才可以对其进行研究。虽然单独的一根钢材无法组成一座大桥，但是任何一个工程师都明白，这一段钢材一定会是整座大桥中不可或缺的一部分。

1913 年的纽约第五大街

　　当市场经过长时间的运行后，出现"线型窄幅横盘"状态时，日内波动就非常有价值了，并且这也是道氏理论的内容。关于"线型窄幅横盘"状态的内容后面会详细阐述。除了这唯一的情况之外，只根据日内波动进行判断预测的话百分之百会出现错误。交易者运用这样的方法而得到的结论一定会是错误的，他们只是通过主观的猜测罢了，并不是依据道氏理论的内容，之后他们还会把责任推向道氏理论。汉密尔顿经常说："市场的日内波动是无任何规律的。"（1929 年 7 月 29 日）但是仍然有很多人还在固执地依据日内波动来进行交易。也许他们是仅仅听了汉密尔顿的这句话："市场的日内波动，有时也会带来一点帮助。"（1910 年 8 月 30 日）但是，汉密尔顿还说过，道氏理论往往会忽略日内波动。

第12章

两种指数必须相互验证

道 / 氏 / 理 / 论

在判断和预测的时候，一定要一起研究铁路股和工业股的平均价格指数，只有当两种平均价格指数互相验证的时候，得到的结论才是最可靠的。假如只依照其一得出了结论，而另一种平均指数并没有验证，这个结论的错误率是极大的。

道氏理论中最有价格的内容就是，如果一个结论没有得到两种平均指数的互相验证，那么这个结论就不可以使用。有些人认为自己熟练掌握了道氏理论，假如他们交易的股票属于工业股板块，他们就只看工业股的平均指数。而有些人仅仅研究一个平均指数，就认为自己能够正确判断价格的趋势了。或许有的时候他们得到的结论最后是正确的，但是如果长期这样判断，一定会受到毁灭性的亏损。

有些人认为公用事业股的平均指数比铁路股的平均指数更好，更有意义，因为它更为活跃。也可能还会有人有些疑问：怎么不使用铜矿股平均指数？汽车股？这里针对这些问题不做详细说明了。对于想用公用事业股平均价格指数的交易者，通过测验已经知道，如果用工业股和公用事业股的平均价格指数来进行判断的话，道氏理论的效果就会很小。道氏理论是只针对工业股和铁路股平均价格指数的。

让人很难理解的是，道氏理论并没详细解释清楚，为什么一定需要两种平均指数互相验证。道氏理论是要通过观察的，就是说，在之后走出来的运动，两种指数一定是互相验证过的。在汉密尔顿写《股市晴雨表》的时候，也是忘记了解释为什么铁路股和工业股平均指数一定要互相验证。在此，作者就这个问题进行一些阐述。

首先，我们来了解一下经济增产的循环是什么样的。在一次经济大萧条过后，工厂里没人工作，失业、生活困苦到处可见。商品库存少、群众的购买力低、股息也非常低；人们仍然是要吃饭和穿衣，而且出生的孩子越来越多，机器设备都生锈

了，劳动成本大大减少。直到有一天，钢铁公司的经理在研究
目前的行业状况时，看到现在尽管没有任何订单，但是将来要
建设的时候，钢铁是必需品，因此应该预先想到这个问题。然
后他就向总经理汇报这个情况，之后为了使产量提高，就会去
改造锅炉。之后一些原材料就会运到工厂里，雇佣了更多的工人。
这时，主管运输的经理也汇报了情况，结果他们发现，假如工
厂大量投资生产的话，经济也会得到好转。之后就开始修理运
输工具。这就会购入一部分物资，并且雇佣更多的工人。然后
改造锅炉、修理运输工具所增加的工资，让工人的收入增加了。
这就加大了一些购买力。工人可以去买一些皮鞋等生活方面的
物品。就单以皮鞋举例，商店就会发给制鞋厂新订单，同理，
皮鞋的原材料的需求也加大了。最后，当钢材被房地产开发商
购买，然后钢材厂的锅炉点火生产，原材料运输等。我们的生
活中，很多方面都有类似于这样的经济链或是商业链。

现在，虽然钢铁公司并没有一些实际的利润，但是，它发
布的报告，在一定程度上被大家的关注。正如前面说的一样，
尽管订单非常少，假如以吨为单位来运输的话都能够忽略，但
是，无论怎么说，铁路公司因为运输的原因而得到了利润。假

如这符合逻辑的话，铁路股票就算不应该比工业股提前反映，至少也是同时出现反映。购入的材料必须通过运输，才能到达工厂。虽然行业之间竞争很激烈，但是铁路还是十分有优势的。

如果想让通过道氏理论得出的结论有效的话，就一定要等待两种平均价格指数互相验证。这是非常关键的。本书尽可能多地引用汉密尔顿的评论，尽管这有些啰唆。以下是一些汉密尔顿多年以来写的文章的节选：

"……道氏理论……规定两种平均指数必须互相验证。这一点经常会在主要运动开始的时候发生，但当市场开始进行次级调整运动的时候，就不会这样了。这一点和《股市晴雨表》是一样的，就是因为它的谨慎性。"（1926 年 4 月 26 日）

"工业股平均指数的次级调整运动可能会比铁路股要剧烈，也许铁路股平均指数更能代表次级调整运动的特点。很明显的是，20 种活跃的铁路股和 20 种活跃的工业股，在主要运动中不会全部发生一样的运动现象。"（《股市晴雨表》）

"查尔斯·H.道一般都会忽视那些没能被另一种平均指数验证的运动。而且，当他与世长辞之后，市场的走势证明了这种方法的正确性。道氏理论认为，在一个下跌的次级调整运动时，如果两种平均指数都回调到前面的低点又创出行情的新低时，就会产生新的方向。"（1928 年 6 月 25 日）

"对两种平均价格指数进行价格操纵是非常难的事情，而一个平均指数的走势没能被另一种平均指数验证的时候，这个走势基本就可以忽略掉。"（1928 年 7 月 30 日）

"当两种平均指数没有互相验证的时候，经济状况的前景仍不能确定。"（1924 年 5 月 24 日）

"根据道氏理论对平均指数的论述，再三强调过很多次了，只从一种平均指数得到的判断，即使会出现正确的时候，但是它是非常容易出现错误的。而当一个结论被两种平均指数互相验证的时候，这个结论才是最可靠的。"

"因此在两个星期以前，在铁路股平均指数独立创出价格的历史新高的时候，假如工业股平均指数随着也创出新高的话，就表明这是非常强的看涨信号。这时，工业股平均指数出现了这样的上涨，这就更加确定了大方向。"（1922 年 7 月 24 日）

"……当两种平均价格指数没能互相验证时，平均指数的走势通常会呈现给投资者的是一种假象。"（1922 年 11 月 3 日）

"当研究平均指数的时候，有这样一个很安全但是又是比较消极的规则。就是一种平均指数得出的结论，比两种平均指数都没得出结论强不了多少，两种平均指数必须互相验证……"（1928 年 8 月 27 日）

"有个可信的结论就是，两种平均指数必须互相验证。同时这就是选择两组不同板块的股票的缘由，并且每组类型的股票数目是 20 种而不是 40 种的原因。"

"一种平均指数创出新高或者新低时，而另一种平均指数没有对它进行验证，这基本上一定是迷惑交易者的。原因很简单，就是因为一种平均指数所属板块的运动会影响另一个。假如铁路股被抛售一空，而工业股还有非常多的供给的话，就不能保证所有的平均指数的股票都随之上涨。"（1913 年 6 月 4 日）

"依照以前的经验，平均指数走出的独立运动，大部分情况都是假象。但是，如果两种平均指数一起涨跌时，所预示的含义就会非常正确。"（1913 年 9 月 15 日）

"……当一种平均指数跌破前面的低点时，而另一种没对其进行验证；或是一种平均指数突破前面的高点时，而另一个没有进行验证，参考这样的现在得到的结论基本都是错误的。"（1915 年 2 月 10 日）

"仅仅从一种平均指数的走势得到的结论，没能被另一种平均指数的验证的话，那么这个结论通常都会误导我们，所以一定要谨慎……"（1925 年 6 月 26 日）

"还要继续强调的是，单独一种平均指数突破的信号基本全都是一种假象，除非两种平均指数能够互相验证。"（1915 年 6 月 9 日）

"在通过运动道氏理论对市场运动进行研究的过程中，一直可以看出，20种铁路股的平均价格指数和20种工业股的平均价格指数发出的信号，只有在互相验证的时候，才准确。"（1922年7月8日）

"在事实上的确可以这么讲，当一种平均指数创出新高或者新低时，如果另一种平均指数不能对其进行验证的话，这个信号一定是错误的。自打有了这两种指数，在任何主要运动里，两种平均指数都是同时创出新高或新低。"（1921年5月10日）

"当工业股和铁路股平均价格指数同时创出新高的时候，这个信号的效果都是很有效的。"（1919年7月16日）

"当一种平均指数突破'线型窄幅横盘'状态，但另一种平均指数没突破，这时往往是很容易误导大家的。但当两种平均指数同时突破时，经过很多的经验可以认为，这对市场的指导作用很有效。"（1914年4月16日）

"仅仅根据一种平均指数发出的信号作出结论，而不是等另

一种平均指数对其进行验证。这是最容易犯的错误之一。"(《股市晴雨表》)

"通过多年来的经验可以发现，没必要去要求两种平均指数在同一天创出新高或新低。如果两种平均指数互相验证了，就可以确认市场发生了趋势的反转，就算之后一种平均指数创出新高或新低，而另一种并没有对它进行验证，也无所谓。前面发生过的两种平均指数互相验证过的新高或新低，已经确定了市场发生了反转。"(《股市晴雨表》)

"这个例子可以证明这个事情，即虽然两种平均指数在方向上是会保持一致的，但在强弱程度上会有些不一样。在主要运动中，这种情况更为明显。多年以来平均指数的运行，已经证明了这点。并且这条规律不仅仅适用于主要运动，在次级调整运动中也有这样的规律。但它在日内波动中没有效果，而对于个股来说也是无效的。"(《股市晴雨表》)

平均指数的研究学习者要注意，"一战"后的一段时间内，铁路股和工业股平均指数不再进行互相验证了。这是由于美国参战后，联邦政府接管了铁路，使铁路公司产生了稳定的利润。
因此，铁路股就和债券一样了。所以，在研究之时，要把这段
时期的价格运动忽略掉。

第 13 章

预测趋势

道 / 氏 / 理 / 论

假如上涨运动成功突破了前面的高点，之后的下跌运动也在突破前面低点前就结束，这就代表着牛市。同理，如果上涨运动不能突破前面的高点，之后的下跌运动成功突破了前面的低点，这就代表着熊市。根据这些结论，去预测次级调整运动是非常有帮助的。它最重要的用处是对于市场主要运动的重新开始、继续运行或是发生改变进行预测。为了方便研究，我们将大于一天的交易中，价格向反方向运动大于任何一种平均指数的 3% 定义为次级调整运动。这样的运动只有经过两种平均价格指数的验证后才是真实有效的。但这个验证并不一定要求发生在同一天。

在牛市里，关于次级调整运动的意义，汉密尔顿是这么解释的：

"……经过长时间对平均指数的研究，得到了一个经过很长时间考验的规则，就是只要是向下的次级调整运动之后出现了反弹，两种平均指数都创出历史新高，不需要在同一个交易日更不需要在同一星期，只要它们互相验证，那么上涨的主要运动一定会继续的。"（1921 年 12 月 30 日）

一定要记住，只有一种平均指数创出新高或者新低时，另一种平均指数并没有对其进行验证，这就一定会迷惑大家。这类的运动偶尔也会有重要的含义，但很多的时候都是不重要的。

当价格创出历史的新高或新低的时候，同时两种平均指数互相验证了，这就说明市场中的主要力量仍然在起着作用，这种作用会一直持续到市场出现明确的反向调整运动。假如，牛市中的新高，这就表示牛市还会仍然持续运行较长的时间。假如，一个平均指数展开了调整，到了前高甚至前低的下方，可另一种平均指数并没对其进行过验证，则可以说牛市的主要运动还在持续运行中。汉密尔顿这样解释过：

"'股市晴雨表'并不会每天每时都给出交易信号。依照查尔斯·H. 道的理论，一个预测在没有出现另一个预测之前一直有效，或是得到加强。比如当工业股平均价格指数验证铁路股平均价格指数，反过来也是一样的。"（1929 年 9 月 23 日）

假设牛市中，在激烈的次级调整运动之后，上涨的运动在一定时间并没能创出新高，而且还开始迅猛地下跌，突破了前面次级调整运动的低点。这样就可以肯定地确认，牛市已经转熊市了。同理，在熊市中，两种平均指数都创出新低，之后开始了一个次级调整运动，然后价格再次下跌，但是两种平均指数未能出现新低，而改为上涨，而且突破了前面的高点，这样就能够预测出市场已从熊市转为牛市。不符合这个规律的情况在过去 35 年的时间里极少出现。

有很多的人都把上面说的规则用在小级别的次级调整运动上，这些人把次级调整运动的持续时间一般是 3 到 12 周，并且幅度一般都在 1/3 到 2/3 这件事情忘了。要想弄懂小级别的次级调整运动的话，最好是能够将其带到全部的平均指数的走势图中去研究。

汉密尔顿说：

"查尔斯·H.道总会忽略没有互相验证过的，只有一个平均指数发出的信号。从查尔斯·H.道去世一直到现在市场走势的证明，这种方法得到的关于平均指数的预测是正确的。他的理论是，向下的次级调整运动或许可能会成为主要运动，但是只有在两种平均指数互相验证之后，才可以这样确定。"（1928年6月25日）

想要把股价上涨和下跌的含义解释清楚是非常难的，通过平均指数，正确地弄明白股价的涨跌和前面的运动是相当重要的。即使这是有些重复啰唆并且语句的词语都差不多，在这里我再次引用一下汉密尔顿的论点，是很有意义的："如果市场出现了一些上涨或者是下跌运动，成功突破了前面的高点，而下跌不能突破前面的低点，并且两种平均指数互相验证了，那么就表示市场将会进一步上涨，但是这并不能表示牛市将要到来。"

牛市中，当两种平均指数出现了一些上涨或者是下跌运动，并且突破了前面的高点，就可以肯定地预测牛市还会继续运行。

同理，如果价格不能突破前面的高点，但在之后的下跌又跌破了前面的低点，那么就意味着市场将会有短期的下跌运动，但这还不能预测出熊市一定会到来。在熊市中，如果一些上涨或者是下跌运动，跌破了前面的低点，这就表明熊市将会继续运行。而在牛市中，如果下跌的运动一直跌破了前面次级调整运动的低点，就能够预测市场将要由牛市变为熊市，同理，可以根据这点来预测市场是否由熊市转牛市。

虽然有的时候会发生一些意外，但这是合理的。不然这些规律就会变成百分之百正确的方法了，如果真是这样的话，市场将会很快地被毁灭。

第 14 章
"线型窄幅横盘" 状态

道 / 氏 / 理 / 论

　　"**线**型窄幅横盘"状态是指两种平均指数在 5% 左右的波动范围内，持续运行时间为 2 ~ 3 个星期，或者更长。这样的运动出现的原因是因为市场正在进行收集或者派发的行为。当两种平均指数一起向上突破"线型窄幅横盘"状态的范围时，就说明之前市场是处于收集的状态中，之后的价格继续上涨；相反，如果两种平均指数一起向下跌破"线型窄幅横盘"状态的范围时，就说明之前的市场处于派发阶段，之后的价格会跌得更多。假如结论是仅仅由一种平均指数预测出来的，而另一种平均指数并没有对其进行验证的话，这个结论出现错误的几率是非常大的。

　　事实已经证明了，道氏理论中关于"线型窄幅横盘"状态的这部分内容是非常正确的。但是，"线型窄幅横盘"状态实属少见，很多人在交易的过程中都在寻找这样的状态，以至于把一些不是"线型窄幅横盘"状态的状态当成了"线型窄幅横盘"状态。甚至是有些人还只根据一种平均指数"线型窄幅横盘"状态的信号而下结论，并没有得到另一种平均指数的验证，这是十分容易出现错误的。还有的人，在发现"线型窄幅横盘"状态时，就事先猜想其将突破的方向，之后就买入股票，而后面市场的运动会道出他们所犯的错误。

"其实，在市场处于'线型窄幅横盘'状态时，最困难的事情就是知道它是在买入还是卖出，事实上收集和派发的行为都在进行，但没人可以知道谁的力量更大。"（1922 年 5 月 22 日）

有的人想要通过精确的数学来解释"线型窄幅横盘"状态的波动幅度和持续时间，这种行为一定会失败的。"线型窄幅横盘"状态的波动幅度和前面投机的行为有很大关系，还要结合前面运动的激烈程度。通过运用道氏理论来进行交易，一定要艺术与科学联系在一起的原因之一就是这点。任何一个想通过精确的数学来解释道氏理论的人，就可以比作是一位外科医生，当他给病人做切除阑尾手术的时候，不论病人的年纪、性别、身高和体型，都是在离脚背 38 英寸、深 2 英寸的位置做手术。

汉密尔顿还说过，突破"线型窄幅横盘"状态的时候，可以预测出次级调整运动的方向的变化，甚至可以预测出主要运动方向的变化。

研究"线型窄幅横盘"状态时，以下摘录的一些节选片段，较为清楚地解释了"线型窄幅横盘"状态的波动幅度。要注意的是，汉密尔顿写的这些文章是在很多年之前写的，那时平均指数还不超过 100 点。本章后面将会给出一些在平均指数超过 100 点时，关于"线型窄幅横盘"状态的相关评论。

一个汉密尔顿在早期关于"线型窄幅横盘"状态的文章：通过认真观察平均指数，就可以发现，有时，平均指数会在几个星期的时间里在很小的幅度范围内上下波动。像工业股平均指数在 70 ~ 74 点间上下波动，铁路股平均指数在 73 ~ 77 点间上下波动。在技术上说，这个就是"线型窄幅横盘"状态。通过经验可以知道，这时的市场处于派发或者是收集的状态。如果两种平均指数都向上突破"线型窄幅横盘"状态，就表明将会出现较大的上涨幅度，也可能是熊市向上的次级调整运动，而在 1921 年时，它却是 1922 年牛市的开始。

"当两种平均指数跌破'线型窄幅横盘'状态时，就表示现在的市场已经属于气象预报员所说的饱和状态，之后市场将会展开迅猛的下跌。它的出现可能是牛市中向下的次级调整运动；而在 1919 年 10 月，它是熊市的开始。"（《股市晴雨表》）

在几年以前，是这样解释"线型窄幅横盘"状态的：

"通过使用道氏理论和在股市交易多年的经验，研究者们知道的'线型窄幅横盘'状态的重要意义。想通过'线型窄幅横盘'状态而得到一些重要的预测结论，要求是很高的。首先两种平均指数必须互相验证，然后'线型窄幅横盘'状态要持续一定的时间，只有这样才能够通过成交量来得到检测，'线型窄幅横盘'状态的波动幅度要很小，经常是不大于 4 个点的幅度。只有能符合这些要求的时候，才可以得到正确的预测结论。"（1922年 5 月 8 日）

汉密尔顿还有另一个阐述：

"有一个让人很满意的情况，这种情况是价格在一段时间
内，在一个很小的幅度内上下波动，就是所说的'线型窄幅横
盘'状态，随着时间的流逝，它的意义也是越来越重要，这种
状态就表明市场正在进行收集或者是派发，从之后的价格走势
就可以看出市场中的股票是需求过大还是供给过大。"（《股市晴
雨表》）

1909 年 3 月 17 日，汉密尔顿在文章中说："3 月 3 日到 3
月 13 日的时候，价格的总体波动幅度还不到 1% 的 3/8。这样
奇怪的上下的运动是极少见的，这往往就是市场主要运动将要
发生变化的迹象。"这回在两种平均指数向上突破"线型窄幅横
盘"状态之后，形成了幅度为 29% 的上涨的主要运动。

有时候，在一个价格波动非常小的市场中，也可以得到很
有价值的预测结论。就像汉密尔顿说的：

"虽然平均指数的运动仅仅是非常小的，但从目前的市场状

况仍然可以得到一些有价值的预测结论。在市场的这种状态时，这些预测结论对那些持币在外的人仍然很有价值。"（1910 年 9 月 20 日）

汉密尔顿曾经就预测"线型窄幅横盘"状态的有效持续时间的问题发表过这样的论述：

"根据以前的一些经验，两种平均指数在市场的顶部出现一个'线型窄幅横盘'状态后，向下跌破了'线型窄幅横盘'状态，如果我们仍想预测现在仍然属于牛市的话，那么价格一定必须达到之前的最高点。"（1911 年 3 月 6 日）

1911 年 5 月 4 日到 7 月 31 日，市场形成了一个标准的"线型窄幅横盘"状态。在价格跌破"线型窄幅横盘"状态后，剧烈的下跌运动开始了，这在之后被认定是熊市结束前的最后一次下跌。在这个"线型窄幅横盘"状态出现时，汉密尔顿说：

"市场在过去的 6 个星期，形成了一个持续时间较长的'线型窄幅横盘'状态，最重要的是这段时间内成交量有限。这就表明将会发生两种情况：一种是市场在较高的位置进行派发；另一种是市场正在收集，收集的数量这么多，就可以证明今后价格也许会走得非常高。"（1911 年 7 月 14 日）

1912 年 1 月 17 日，"线型窄幅横盘"状态形成，之后价格在几个月的时间内不断上涨。汉密尔顿说："很惊讶，在那段时间，20 种活跃的铁路股的平均指数只在 115～118 点之间波动；并且 20 种活跃的工业股的平均指数只在 79.19～82.48 点间波动。这就是明显的'线型窄幅横盘'状态，在这种状态中，市场处于收集或者是派发的状态。它在发表上一期关于价格运动的文章发表的前一星期就开始运行了。对于有经验的研究平均指数的交易者来说，'线型窄幅横盘'状态表示当它被向上突破或者是向下跌破后，幅度都是很大的。假如如此长时间的"线型窄幅横盘"状态，因为是市场正在进行收集，使价格没能上涨，它的结果之后就会呈现出来，就是两种平均指数都向上突破了'线型窄幅横盘'状态。要注意的是'线型窄幅横盘'状态的意思不是说很苛刻的没有波动幅度，只有长的持续时间，它表示在很小的幅度内持续了很长的时间，而很小的幅度一般是指铁路股平均指数少于 3 个点，而工业股平均价格指数稍微多于 3 个点。"

"线型窄幅横盘"状态会迷惑大家，1913年9月8日，汉密尔顿在文章中这么说：

"两种平均指数，在近1个月的时间里，日内波动的幅度在2个点左右。8月28日，工业股平均指数向上突破了'线型窄幅横盘'状态，而铁路股平均指数并没有对其进行验证。9月3日，铁路股平均指数却跌破了'线型窄幅横盘'状态，而工业股平均指数并没有下跌。研究平均指数的读者，应该持币在场外，尤其是当前两种平均指数又回到了'线型窄幅横盘'状态的波动区域内。不管它向哪个方向突破，如果两种平均指数同时地，尤其是向下跌破时，依照以往的经验来看，这将会对预测将来的行情有非常大的意义。"（1913年9月8日）

1914年，汉密尔顿写过大量和"线型窄幅横盘"状态有关的文章。尽管"线型窄幅横盘"状态表示着市场正在进行派发，但是他认为牛市仍然会继续运行。以后的几年，他坚定地认为，"线型窄幅横盘"状态说明德国人正在为了战争而做准备，所以在派发股票。1914年4月16日，他发表了一篇很有代表意义的文章："在4月14日以前的70个交易日中，工业股平均指数在

竖立在汽车上的牌子写道："100 美元可买下这辆轿车。在股市上丧失了一切，急需现钞。"

81 ~ 84 点间波动。在那天以前的 40 天的时间，铁路股平均指数在 103 ~ 106 点内波动。根据《华尔街日报》的记录，两种平均指数的波动幅度均在 3 点之内，而 4 月 14 日，两种平均指数同时向下跌破了'线型窄幅横盘'状态。"

"根据以往研究平均指数的经验来看，市场将会下跌，甚至表示 1912 年 10 月的熊市将会继续……"

经常这样提醒大家,只有一种平均指数突破"线型窄幅横盘"状态是没有任何意义的。汉密尔顿曾说:

"……根据以往的经验,只有两种平均指数都出现了'线型窄幅横盘'状态,不然就会非常容易迷惑和误导大家。"(1916年3月20日)

1926年,平均指数在较高的位置运行,汉密尔顿说要适当提高"线型窄幅横盘"状态的波动幅度:

"在这里要说,因为平均指数的点数比较大,特别是工业股平均指数,所以我们可以给'线型窄幅横盘'状态的波动幅度更多的点数限制……"(1926年10月18日)

在汉密尔顿1929年7月1日所写的文章中,我们可以发现,他把当年春天的市场看成是一个"线型窄幅横盘"状态:

"很明显,这个剧烈的波动,尤其是工业股平均指数,已经在整体上进行派发,这个和平均指数在低位的'线型窄幅横盘'

状态是不一样的。'线型窄幅横盘'状态可能是市场正在进行收集或者是派发，依照以往的经验看，向上突破或者是向下跌破'线型窄幅横盘'状态，都会发生幅度很大的运动。现在的价格在这么高的位置，市场在幅度更大的范围内进行派发是能够理解的。当两种平均指数都突破'线型窄幅横盘'状态时，很明显，大量的股票并没有被派发出去，而是被收集了，买入股票的人是一些投资者和一些大财团。"（1929 年 7 月 1 日）

　　研究者们，回顾一下 1929 年市场的日内波动会很有意思。1929 年 9 月，就是牛市形成大顶之后，几乎没人能够预测出将会出现可以震惊世界的大暴跌。当时，铁路股平均指数和工业股平均指数于高位在 10% 的幅度里波动，汉密尔顿认为这形成了"线型窄幅横盘"状态。1929 年 9 月 23 日，他在《巴伦周刊》的文章中说："我们不质疑道氏理论的原则，但是现在工业股平均指数已经在 300 以上了，需要给予其一些灵活性。在以前，'线型窄幅横盘'状态的幅度范围就是在 3 点以内。……而当下平均指数在较高的位置，肯定会需要更大的空间来进行收集或者派发。"

作者认为，仔细研究"线型窄幅横盘"状态的波动幅度和成交量之间的联系，会是一项有意义而且有趣的工作。比较历史数据和现在的行情，将会发现之间的一些联系。成交量表示着股市总体的力量，成交量越大，对价格的影响也就越大。我们发现"线型窄幅横盘"状态有这样的规律：位于牛市顶部的"线型窄幅横盘"状态的波动幅度和成交量会很大；同理，位于熊市的底部的"线型窄幅横盘"状态的波动幅度和成交量会较小。

第 15 章

量价关系

道 / 氏 / 理 / 论

当市场属于超买状态时，在上涨的过程中就会表现得乏力，而在下跌的过程中就会表现得活跃；同理，当市场属于超卖状态时，在下跌的过程中就会表现得乏力，而在上涨的过程中就会表现得活跃。牛市一般都会在成交量较少的时候开始，在成交量非常活跃的时候结束。

关于成交量与价格的关系，汉密尔顿的文章里有许多互相矛盾的看法。他常常强调平均指数是最重要的，其他的因素都不用考虑。他还强调平均指数消融一切。但多年来，他好像是一直在关注并且使用着成交量。他通过研究成交量而得出的预测结论，通常都是有价值的。

虽然这样做可能会误导投资者，但在此还是先列举出一些关于汉密尔顿否认成交量重要性的文章，然后再列举出他多次通过成交量来进行预测的文章。

以下列举的是一些汉密尔顿否认成交量重要性的结论：

"……需要说明，平均指数的本质就是消融一切，并且能够反映出一切。市场的低迷与否，不过是其一种表现而已，平均指数已经消融并且反映了这些，和消融反映投机行为、突发事件、股息和其他任何能够影响到价格的因素一样。这就解释了在研究中忽略成交量的原因。在25年道·琼斯平均价格指数的运动里，看不出成交量和价格之间有什么关系。"（1913年6月4日）

"好像平均指数想要继续上涨，可是有研究者也许会指出，成交量太少了，可能会减弱了这种变化的重要程度。即使这样，现在显然还是看多的。单从成交量来说，我们还是应该忽略掉它的，就像忽略其他因素一样，因为对于长期的运动来说，这些因素可能已经被消融和反映了。"（1911年3月27日）

1911年1月5日，汉密尔顿在评论文章中这么说："在这些研究里，我们最好是忽略成交量的特点，一定要认可平均指数，它已经公正地消融了这些因素并且反映在价格上，就像灾难、交易环境、市场的状况和投机者的情绪，甚至是投资需求等特征一样。"可是，在 1910 年 10 月 18 日，汉密尔顿这样说："这次的上涨有这样一个明显的特点，成交量随着每天价格的上涨持续放大。这样的上涨，会在一两天成交量明显增加的时候到达最高点。实际上，平均指数是对全部的各种各样的因素的反映。"汉密尔顿语言前后互相矛盾了。尽管他说平均指数消融了一切因素，但是很显然，他还是考虑到了成交量的因素。

作者曾想，汉密尔顿如此对待这么关键的问题，原因之一就是他并没有数据支持他来研究量价关系。从他 1910 年发表过的文章中可以发现，这样推断是合情合理的："大家都知道，将成交量和价格一起分析的好处是很大的，然而这样是有很大的缺点的。想要搞清楚量价之间的关系，至少要能够得到 25 年每日成交量的历史数据。并且，我们可能已经了解了平均指数自身就可以消融并且反映一切。这包含了提前或者之后消融成交量的因素。"这一点，在汉密尔顿的著作《股市晴雨表》中，你能够看到一张有趣的图表，上面有平均指数每月的价格走势图和日平均成交量。他假如真是忽略成交量的因素，为何会在该图中还有成交量的信息呢？

本书写作的目的不是为了和道氏理论产生什么分歧。但是，就目前作者所拥有的一些关于研究市场的技巧或方法表明，成交量的信息非常重要。所以在此要对平均指数的研究者强调一下，要注重量价关系。这么说的原因就因为汉密尔顿在下结论时，也是有时会依照量价关系。

一次在牛市快要结束的时候，汉密尔顿发现成交量正在慢慢增加，但这些增加的成交量并没能使价格出现应有的上涨。于是，他说了自己的见解，他用自己喜欢的比喻方式说：

"经济就像一艘2000吨的轮船一样，每天消耗100吨煤可以达到12节的航行速度，要想达到13节就需要130吨，而要想达到15节可能就需要200吨了。当股市已经到了很大的'航行速度时'，如果还想加快一点速度，那么就会大量地增加煤的消耗。"（1909年1月21日）

经过多年以来对平均指数的日内波动和成交量之间的关系的研究，我们可以发现，在牛市或者是熊市里，在市场创出新高或者新低的时候，成交量都是处于一种增加的状态，这种状态会一直持续到出现明显的反向运动的时候。很明显，汉密尔顿很熟悉这种情况。1908 年 7 月 21 日，他在评论文章中说："价格创出新高，往往表示还会继续上涨。而且把现在和 1908 年 5 月 18 日比较，很明显，成交量更大。"

很明显，在研究平均指数的同时，汉密尔顿已经将成交量作为一个重要因素了。下面列出他在文章中的一些论点，以证明这一点：

"平均指数的研究者，从这些市场运动的记录里，可以发现另一个很好的迹象，忽略掉那些外界因素，比如关税和工业状况等，成交量在价格上涨的时候是在慢慢增加的。一般来说，这是非常好的迹象，就是市场中没有过多的股票被卖出。超买状态的市场会更加的明显，在上涨的时候成交量会很小，而在下跌的时候，成交量会很大。"（1909 年 3 月 30 日）

这些选自汉密尔顿的一篇准确预测牛市的文章中的节选。

一直到 1909 年春天，价格已经持续上涨了 3 个月了，肯定会展开次级调整运动。5 月 1 日，汉密尔顿在文章中说："在回调里，成交量减少，并且幅度会缩小。"他所说的幅度缩小是说价格的幅度小于 2%，同时成交量表明上涨还会继续。后面市场的运动证明了这点。

在大牛市快要结束时，每次较小的调整一发生，就会被认为将要开始熊市了。现在一个比较大的次级调整运动开始了，在这次次级调整运动中，成交量减少了将近 50%。这个时候，汉密尔顿告诫读者，不要在市场中做空股票。因为成交量随着价格的下跌而减少。他说：

"成交量降低的意义有很多。华尔街有句老话叫作'不要在低迷的市场中做空'。在很多的情况下这句老话都是正确的，但是在熊市中，这句话一定是不对的，因为在熊市中，市场向上反弹的时候，成交量很低迷，而在下跌的时候，市场会非常活跃。"（1909 年 5 月 21 日）

在牛市中，价格不断创出新高的时候，汉密尔顿往往可以找到一些特别的理由来证明价格不断创出新高的原因。他在评论文章中说：

"……市场在周一和周二创出了新高，同时，成交量的放大与价格的上涨相呼应。"（1909 年 4 月 22 日）

1910 年 9 月，市场正是熊市，很多人都以为牛市已经开始，然而汉密尔顿却说，目前的市场只是熊市中的次级调整运动到达了顶部将要向下反转的时候。那时的价格并没有表现出较弱的状态，但是成交量明显地减少，所以他确定那仅仅是一次反弹而已。他在文章中写道：

"在现在的熊市里，平均指数快速地反弹到 8 月 17 日的位置，但这次次级调整运动的上涨的力量和成交量的力量已经消耗殆尽了，现在的市场仍然处于没有希望的萧条期。"（1910 年 9 月 20 日）

在另一篇文章中，汉密尔顿阐述了专业人士对于熊市中突然发生成交量增加刺激反弹的谨慎态度：

"专业人士认为，在很长的一段时间内，市场在低位区内非常低迷，之后发生了反弹，他们将会非常关注这次反弹……"（1910 年 7 月 29 日 ）

可以从下面这篇汉密尔顿的评论文章中得到很好的建议：

"在价格上涨的过程中，看似正在大量地派发股票，可实际上根据技术形态来看，这些被派发的股票都已经被市场很好地消化掉了。而市场在进行一些比较小的调整时，比较低迷。而随着市场继续开始向上运行的时候，市场渐渐变得更加活跃。专业人士会知道，这表明买方的力量仍占主导地位。"（1911 年 2 月 6 日 ）

场内交易员看重成交量，汉密尔顿也是如此，他曾经在评论文章中写道：

"这些时间以来，至少那些激进的交易者可以看出，当价格

下跌的时候市场很活跃；但是在价格上涨的时候，市场就会很低迷，所以，他们投靠到了空方。"（1911 年 5 月 4 日）

1911 年，从汉密尔顿的评论文章中可以明显地看出他对量价关系的重要程度的谈论：

"在研究价格运动的时候，市场的活跃和低迷都具有研讨价值，同时经常能对未来价格变化有一定程度上的作用。"（1911 年 7 月 14 日）

在一次激烈下跌前的前两天，汉密尔顿在一篇评论文章中是这样说的：

"当市场在进行向上的次级调整运动的时候，成交量逐级低迷，而在市场进行下跌时，成交量逐渐活跃，这对于那些专业人士，就是很好的表明熊市仍然继续的迹象。"（1911 年 9 月 9 日）

1921 年，熊市的低点在 6 月和 8 月形成，汉密尔顿说的主要运动的反转点只和市场真正的底部相差 4 个点以内。之后，在 12 月 30 日，他发现市场在下跌的时候变得很低迷，然后不经意间对那些卖空的人发出了提示："华尔街有句老话叫作'不要在低迷的市场中做空'。发生在熊市中的反弹通常是很迅速的，可那些专业人士会在反弹之后，当市场低迷时再次空仓。同理，在牛市中也是这样的，当向下的次级调整运动结束后，市场处于低迷的状态时，交易者就应该买入。"

经过对价格指数走势图和日内波动进行系统认真的研究后，可以发现成交量在牛市的时候要比在熊市多很多。同时，当牛市中的次级调整运动出现之后，成交量明显减少，往往就能够确定目前的市场状态是超卖，通常情况下会继续开始主要运动。同理，当熊市中的次级调整运动出现之后，成交量明显减少，一般就可以确定目前市场的状态是超买，如果之后出现放量下跌，那么继续的下跌就是必然的事情了。

虽然汉密尔顿从来没有说过一些关于成交量极限的问题，然而每个平均指数的研究者都知道，每次在次级调整运动的重要拐点的时候，成交量都会出现迅速放大的情况。

　　尽管在本书中一直在强调成交量的重要程度，但是作者并没把成交量的地位与两种平均指数的地位看齐。工业股平均价格指数和铁路股平均价格指数永远是第一位的。与其相比，交易量只能排在第二位。虽然如此，在研究平均指数的时候，一定不要忽略成交量提供给我们的一切信息。

第 16 章
双顶和双底

道 / 氏 / 理 / 论

在预测判断未来平均指数的走势时，双顶和双底的重要性很低。大量的经验已经表明，它们给人们带来的是更多的假象。

汉密尔顿多次说过，依据双顶或双底而得到的一些结论对于预测判断平均指数未来的走势并没有很大的价值。有趣的是，到底是谁第一个让大家相信双顶或双底是道氏理论中不可或缺的一部分呢？

每次价格运动到了前期高点或低点附近，双顶或双底形成的时候，就会出现各种各样的关于双顶或者双底的评论文章。而这些文章都会有这样的开头："按照道氏理论，假如工业股平均指数形成双顶。"等等。研究道氏理论的人都知道仅仅从一个平均指数得出的结论是无效的。并且，两种平均指数都形成双顶或者双底是十分少见的，就算是出现了，也只是凑巧而已。通过观察35年以来重要的次级调整运动，很少会发生以双顶或双底结束的情况。

研究道氏理论的人，不要每次一到市场价格的运动接近了前面高点或者低点的重要位置的时候，就开始寻找是否出现了双顶或者双底的信号。而是要运用更好的方法，即假如之后两种平均指数都没有突破前面的高点，就表明市场将要下跌；而两种平均指数都没有跌破前面的低点，就表明市场将会上涨。如果只有一种平均指数出现了突破前面高点或者跌破前面低点的信号，而另一种平均指数并没有对其进行验证，那么这个信号很可能是虚假的。顺便说一下，观察年度标准统计公司（The Annalist and Standard Statistics Company，Inc.）的图表可以发现，一种平均指数有时会形成双顶或者双底，但另一种平均指数却没发生这种情况。1926年的时候，汉密尔顿曾依据双顶的信号得出牛市要结束的错误结论。当时的情况就是仅仅有一种平均指数出现了双顶形态，而另一种平均指数没有对其进行验证。可见，他为他的预测判断找出理论支持的急切心情。

　　还要强调一点，在熊市结束的时候，有过形成双底的时候，但汉密尔顿并没有把这种情况作为反转信号。

　　观察一下之前出现的图表，图中是道·琼斯平均指数9次熊市结束时的走势。在这些熊市中，仅仅有一种平均指数形成双底、两种平均指数都形成双底、两种平均指数都没形成双底的次数都是3次。

　　1899年和1909年，两种平均指数都分别出现过双顶形态。但是在其他的7个牛市的顶部，并没有出现这样的形态。在实际情况中，可以观察到很多次级调整运动都出现了双顶或者双底。比如1898年的秋天，牛市中出现了一次较大的次级调整运动，之后两种平均指数都出现了双底形态，再之后就展开了上涨。而1899年的时候，双顶的信号造成了假象，市场很快就向上突破了高点，之后继续上涨，并且幅度非常大，给那些根据双顶做空的人带来了灾难。1900年初，市场是熊市，工业股平均指数形成了双顶，但铁路股平均指数没有对其进行验证，之后的市场走势证明了那是一次重要次级调整运动的结束。在1902年的熊市，两种平均价格指数都形成了双底，这让以双顶或者双底进行交易的人们认为牛市来了，但双底后来被跌破了，展开了历史上最凶猛的一次暴跌。

1907 年"崩盘日"的华尔街

1906 年，市场处于高位区，铁路股平均指数出现了一个标准的双顶，然后开始了激烈的下跌。1907 年，春天和夏天的两次次级调整运动出现了双顶和双底，但并没有出现突破的情况。但之后没过几周底部被跌破，下跌中，工业股平均指数跌幅超过 30%。1911 年春季和夏季，两种平均指数都形成双顶形态，之后工业股平均指数开始激烈下跌，但铁路股平均指数没跌多少。第一次世界大战前的熊市里，两种平均指数都在反弹 12%的时候出现了双顶。假如投资者们因此而做空的话，亏损的概率是很高的。稳健的投资者最后是等待市场进一步下跌的时候，确定这个形态具有准确的下跌信号的时候再做空。

有很多的关于双顶或者双底的例子，投资者如果能对这个问题多花时间去研究，一定可以发现，根据双顶或者双底得出的结论，对于预测市场来说，通常错误的概率要大于正确的概率。

1930 年 7 月和 8 月的历史上最大的熊市里，两种平均指数都出现了标准的双底。这个双底形成的对于下跌的阻力，经常会被一些金融评论者热捧，说熊市要结束了。可惜，没过几个星期，熊市的主要运动依然继续，工业股平均指数下跌了 60%，用时 90 天。1931 年冬天到 1932 年的时候，工业股和铁路股平均指数形成了三底，但之后市场还是恢复了熊市的主要运动。

所以，出现双顶或双底的时候，根据其得出的结论，十之八九是错误的。

第 17 章
论个股

道/氏/理/论

一些活跃的个股和绩优股，往往都与平均指数的走势基本一致。但一些个股的走势，也许会和平均指数的走势出现很大的不一样。

一些研究价值投资的人，可能知道公司的价值和盈利情况，但假如他不能了解市场的大方向，那么他也不能成为一个成功的交易者。这是因为，大部分股票，不论其自身的价值是多少，公司的盈利状况怎么样，总会在牛市的时候上涨，在熊市的时候下跌。根据公司的具体情况的区别，价格上涨或者下跌的幅度会和一些典型的股票出现一些不同。

所有的经纪人都懂得，有些客户常常会在熊市中参照红利、市盈率、资金状态等一些因素来买入绩优股。买入之后，股价会因为不断的卖压而下跌，使这些持股者失去了耐心，继而抛出了手中的股票。这时，他们把当时买入这些股票的原因已经忘得一干二净了，而把自己受到损失的原因说成是熊市的原因。事实上，这并不是熊市造成的，是自己的错误。他们当时买入股票的原因是看重了股票的价值，而股票价格的下跌并不能影响所持股票所占的比例。其实不管价格怎么变动，这点永远不会改变。假如投资者想让自己的资金充分利用起来的话，就一定要研究好市场的趋势，这和研究好公司的资产负债表同样重要。

之后还有这样一位不能成功的交易者。他不知道资产负债表是什么，而且也不知道市场的趋势是怎样的，他愚昧、懒惰并且不愿意去多学习更多的知识。他购买一只股票的理由，竟然是他发现现在股票的价格比朋友以前说的买入价格低了很多。这样的交易者，赔钱是一定的。

我们重回主题，如果在道·琼斯平均指数下跌时，某只股票竟然逆市上涨，而且能保持持续上涨的状态，这样的情况是少之又少的；同理，在平均指数上涨的时候，某只股票竟然逆市下跌，这种情况也是可遇而不可求的。新手们只需要把手里持有的这些股票随便挑出几只，与平均指数逐日对比一下，就会认同上述的结论。

第 18 章
论投机

道 / 氏 / 理 / 论

　　一个男人选择结婚对象可以算是一种投机，去战场打仗也算一种投机，甚至花费大量的金钱供自己的儿子上大学读书也能算是投机。作为父亲，预测自己的儿子将来会有很好的发展，气质和专业能力一样可以很出色，所以花费大量的金钱供儿子上大学读书，这就像服装店老板一样。服装店老板对天气和顾客的需求等因素作出预测，而投机上架了秋天的衣服。我们可以批评如此投机的行为吗？当然不行，因为这些投机中都蕴涵着智慧，这些行为是正确的。有智慧的投机者绝对和交易所里那些骗人的家伙不一样。那些骗人的家伙游手好闲，只把交易当成戏水的游戏场所。在交易中戏水的人一定会赔钱；而那些有智慧的投机者，就算现在暂时还没能成功，他们也能够将损失控制在自己能承受的范围之内。

《巴伦周刊》曾在一篇文章中引用过著名大作手杰西·利弗莫尔说过的名言："一切价格运动皆有原因。除非有人能够准确地预测未来，否则每个人在投机方面取得成功的能力都是非常有限的。投机就像是做生意一样，它不能靠猜也不能靠赌，它是件艰难的事情，需要我们付出很多的努力来工作。"

投机是艺术又是科学。但是在道德方面，它常会受到大家的谴责。但是不管对错，它对每个国家的经济状况的进步都起了很大的作用，也是国家经济不可或缺的一部分。如果没有投机行为的存在，那么穿越大陆的铁路干线就永远不会被建设起来，或许我们现在也用不上电、电话、无线电和飞机。很多曾经买入了无线电和飞机制造公司的股票的投机者，可能都会有赔钱的回忆。而那些买入了已经退市的股票的投机者，都为该公司所属的产业贡献了一份力量，不管是直接或者是间接的方式。

就算是最疯狂的投机行为，也是有一些作用的。当价格急速上涨的时候，新的上市公司就能轻松筹集到资金，以这种方式得到的巨大本金，使很多的传统行业都得到了发展。西部各个大州能得到较好的开发，大部分就是投机行为带来的。汉密尔顿觉得投机行为和经济发展是情同手足的兄弟。以下列举的一些节选就可以证明这点：

"……投机行为本身就可以增加对经济看好的信心，它可以刺激经济的发展。事实上这又可以从另一方面说明，股市是晴雨表。市场的运动并不是因为当天发生的一些事情，而是根据综合经济状况的预期而运动和变化的。近一段时间的经济状况会变好，这是非常可信的。"（1922年5月22日）

很难对投机和赌博进行区分，这是由于投机本身就要有像赌博一样的冒险精神，就和一些赌博中存在投机的成分一样。《韦氏辞典》对此的阐述是："投机就是指通过价格的涨跌而进行买入或者卖出，以得到利润；或是为了得到巨大的利润而进行一些冒险的商业行为。"这个阐述简直就是专门来阐述股市保证金交易的。《韦氏辞典》对赌博的阐述是："为了得到钱，或者是其他的赌注而进行的一种游戏，或者是对某件没有确定结果的事情铤而走险，破釜沉舟的行为。"依照这个准确的阐述，如果一位投机者买入了100股钢铁公司的股票，之后在成交价格的上方 2 个点的位置设置止盈，然后在成交价格的下方设置止损，这种行为就会被认为是赌博行为。一定会有很多交易者认为这就是赌博，不是投机行为。股票圈内的经纪人，一般会这么区别投机和赌博，在赌马的时候，任何一个人的下注，一定不能影响他所下的赛马的速度。但如果这个人在纽约交易所买入或者卖出 100 股钢铁公司的股票的时候，不论他是否知道自己是不是在赌博，他所交易的这 100 股股票就会对该股的价格产生影响。而一次精谋细划的对钢铁公司股票价格的袭击，就可以让该股的价格大幅度下跌，这样的袭击就是一次投机行为，绝对不会算成是赌博。国家的相关法律法规也是认可并允许投机行为，而对赌博则抱着谴责的态度。

在市场中，没有能够使股票投机成功的数学公式；也不会存在一种永远不变的规则，能够使人执行后，永远可以在股市中获胜。但是有些规则和理论的确可以给投机者提供帮助。最好的选择就是道氏理论。本书的目的就是通过道氏理论来概括总结出一种预测判断市场未来趋势的方法。但广大读者也要清楚，正确地理解道氏理论和运用道氏理论是需要时间的，每个人之间的效果都会不同。如果你想不产生亏损的话，就必须要有足够的耐心和坚持遵守纪律。在运用道氏理论的时候，一定要自己思考和判断，一定要永远依照客观的结论进行交易，千万别让主观的期望左右自己。依照客观的结论，出现了错误，要比凭感觉瞎猜、乱赌好太多了，只有这样才能从自己出现的错误里学习到一些东西。仅通过自己思考和研究才是成功的不可或缺的重要环节，投机成功的人占总数的 1/20。

差不多只要是关于投机方面的书常常会传授一些关于成功的关键。然而只会有很少一部分人能够接受这些称为精华的原则，并从中受益。所以，不管如何告诉大家不要用金字塔加仓的方法进行交易都是没用的。只有在经过痛苦的亏损之后，才能让大家清楚这样交易是很危险的。

汉密尔顿的观点是，在买入股票之后，然后随着价格不断地上涨而进行加仓，比在价格下跌之后不断买入而降低成本的做法英明，大家一定要牢记这点。只有当投机者认为这只股票一定会上涨，除此之外坚决不买入该股。也会有一些投资者在市场下跌的时候买入股票，之后就不管它，当作一种投资，这种方法也是无可争议的。

投机者一定要知道，一定要将自己的损失控制在自己能够承受的范围之内。曾有一位新手对一位老手说自己的仓位使他在晚上不能安心睡觉。这位老手给他的建议是："降低仓位，直至让你可以安心睡个好觉。"

汉密尔顿常常说，在华尔街里，极少的意见才是对的。如果他说的是对的，那么在平均指数告诉你要放空才是最正确的话，一位对道氏理论非常精通的人，一定会严格执行，不管华尔街中有多少人疯狂看多。在华尔街大多数人都疯狂看多的时候，汉密尔顿常常会说，看多的人实在是太多了；而在华尔街大多数都疯狂看跌时，他常常会警告读者，看空的人实在是太多了，道·琼斯平均价格指数已经告诉我们现在的市场可能已经属于超卖的状态了。他可以像一位优秀的医生一样，在经过分析了病人的体温温度、脉搏情况和呼吸情况的数据之后，就可以预测病人何时痊愈。而他也是经过运用道氏理论，得出各种的结论来预测市场的未来。

就算是最优秀的投机者，也会在一些不可抗力的出现后发生亏损。然后将自己精心布置的交易计划搞得一团糟。实际上，不会有任何的系统或者是理论能够预测出旧金山大地震的发生，同时也不会有任何系统或理论能够预测出芝加哥发生的大火灾。

统计数据是非常有用的，因为平均指数会反映出市场中的一切，所以，统计数据只能服从。那些通过统计数据来预判市场未来的人，从没被认为是真正的预测家。马克·吐温以前说过一句名言："世界上三种谎言，分别是谎言，该死的谎言和统计数据（There are three kinds of lies: lies, damned lies, and statistics）。"

每一个想要一直保持交易的状态，而不想出场稍作休息的投机者，最终一定会赔钱。有时候连专业人士都不知道市场下一步想要做什么。有这样一句老话："当你疑惑的时候，最好待在场外。"并且，假如在市场方向的预测上出现了错误，受到亏损，最好应该暂时退出市场，在场外休养生息，直到恢复理性和淡定。

只有场内的交易员才可以针对日内波动中的一些级别很小的运动进行投机。对于预测判断出次级调整运动，场内交易员比场外交易员拥有更多的优势。对这些拐点进行投机交易，就是场内交易员的专职工作。在华尔街里的人都知道市场的趋势将要发生转变之前，场内交易员就能感觉到一些小的变化。汉密尔顿常说："通过长时间的观察，做投机和其他的事情是一样的，专业人士远比一些业余人士成功的概率要高。"

不管是在纽约进行交易的投机者，还是在西部地区进行交易的投机者，在他们理解报价机上的价格时，也会发现场内好像在测试着大家对市场的情绪。大家常常会发现，一些大盘股会被拉升得很高，之后又被打压下来。这么做的目的，一般人是很难明白的。但对于这些幕后操纵者来说，这样测试，就会知道大家会不会在拉升的时候跟进，或者在打压的时候杀跌。这样测试后，那些幕后操纵者就知道上涨的空间和下跌的空间的情况。

喜欢超短线交易方式的投机者很难获利的，因为佣金、印花税、交易不足 100 股的罚款、点差等费用，让短线交易很难获得利润。即使超短线有这么多的不利因素，仍然还是有很多具有大量资金、有勇气和敏锐性的投机者，可以克服上述的不利因素，进行超短线的投机。他们会研究趋势和公司的资产负债表，取得第一手资料。就算有无限大的利润，但是成功的可能性极小，这种事是不会有投机者愿意做的。只有通过努力研究运动趋势和股票自身的价值，才是解决所有不利因素的唯一方法，还得时刻牢记汉密尔顿的建议：

"止盈和止损是每个投机者必须掌握的，骄傲和刚愎自用是一定会导致失败的。"

很多人都不明白，为何会有这么多成功的商人、企业家、酒店股东会将自己多年以来积累的财富放到股市里孤注一掷。而股市对他们来说就是一件他们不懂的事情。他们中的很多人都认为在股市中进行投机不必具备应有的专业知识和一些必备的研究。即使他们在多年的生意生涯中，养成了没有进行详细研究就不进行冒险投资的习惯或规则。但他们还是经常性地靠一些小道消息进行操作，即便是已经和一些咨询公司有了一些和咨询相关的协议。话又说回来，真正能够听从咨询公司的建议并进行操作的人少之又少。如果对咨询公司的能力和其给予的建议的准确率做过一番调查，就会发现问题。假如他们给予的建议真的有效的话，何必来开设什么咨询公司呢，还不如把钱放入市场赚得多。

那些没能看见终点的投机者（已经将本金赔得一干二净），往往都是没花费大量的时间进行学习及研究好怎么进行投机。如果将这些资金以相同的风险投入到他们的生意当中，他们研究起来肯定会万分小心谨慎。这些失败者中，很少有人知道正是因为自己不学知识，使自己受到了损失。他们中大多数人都将自己的损失算在华尔街和熊市的头上，觉得他们被一种魔法骗走了自己的财富。他们不会知道，投机最需要的就是勤劳、努力、智慧、坚韧的耐心和严格的自律性。

假如业余人士知道专业人士真实的盈利情况，可能就会少赔一点钱。合理的情况是这样的，一位场内交易员，用100万美元开始进行投机，多年之后，资金增长的速度在20%左右。而且这20%的速度算是很好的了，不知道是不是真的有很多人能够达到这个数字。但是，一位用2500美元开始进行投机的业余人士，他肯定不会满意这个增长速度，他冒着很大的风险，进入了这个他不懂的行业，竟然想得到比20%还要多的增长速

度。几位在华尔街有着丰富经验的专业人士，都觉得符合实际
情况的增长速度为每年 12%。当资金以这个速度稳定增长的话，
6 年就能接近翻倍了。可这对那些业余人士来说，肯定不可能达
到这个速度。

第 19 章

论股市哲学

道 / 氏 / 理 / 论

汉密尔顿通过简洁和智慧的语言来评论市场，这和他多年观察华尔街规律是分不开的。他的一些评论是他自己原创的，这些和道氏理论是没有关系的。读者会对他敏锐的观察力有着深刻的印象。而他常常反复强调的那些内容都是对读者最有用的。他也会委婉地通过文字来对一些有误的文章进行批评。他有时会收到一些不礼貌的读者的来信，他会通过比喻的方式给予回复。以下列举的都是从他的文章中节选出来的经典片段，非常值得一看。

有一次熊市的时候，一些人把一次次级调整运动说成是牛市主要运动的第一阶段。汉密尔顿说：

"独燕不成夏；仅仅一次反弹，不足以说明牛市开始了。"

（1908 年 7 月 8 日）

还有一次，一些咨询公司提供内幕，在牛市最后一个阶段的时候还说后面会有大行情，《华尔街日报》的读者被提醒道：

"树并不能长到天上去。"（1908 年 12 月 23 日）

在平均指数距离 1921 年低点不足 3 个点的时候，汉密尔顿说：

"有很多富有智慧的名言和现在的一些事实表示，投资者很少能够在真正的市场底部买入股票，也很少在真正的市场顶部卖出股票。这是市场的实际情况，不是一种悖论。假如便宜的股票真的能够吸引投资者的话，那么今天市场的成交量就应该会非常大……"（1921 年 3 月 30 日）

在探讨一个关于价格与价值的关系和操作指导性问题的时候，汉密尔顿是这样说的："……他没准会买入这只股票，可他会时刻关心着这只股票的价格，他以为一定要能够每天早上都能得到所买股票的报价才行。在他看见他所买的股票下跌 5 个点的时候，他就会说要通过止损来接受这个教训，但是他忘记

了关于资产负债表的事情。他完全理解错了，应有的教训是他
忘记了当时买入这只股票的原因。"

关于绩优股，为什么也会经常下跌，这是一种不寻常的情
况，因为价格与价值会有某种关系。汉密尔顿这样解释：

"经常会忘记这点，在多头平仓后，市场不稳定的时候，绩
优股往往要比那些垃圾股更加脆弱。绩优股的市场是真实存在
的，而垃圾股的市场已经是有名无实了。在各种现金的压力出
现后，最好的办法就是把持有的股票平仓。而一些绩优股，像
美国钢铁公司等股票，一定会被抛售掉。为了减缓现金的压力，
大家必须将那些可以在一定的价格内抛售的绩优股抛掉，而其
他的垃圾股，想要快速抛售得到现金则比较困难。"（1921 年 3
月 30 日）

这里说的是一些大作手的行为，他们为了还贷等减少现金
压力的目的，对绩优股进行抛售。他们的确是更愿意卖出持有
的垃圾股，但是垃圾股并不好卖。

汉密尔顿在评论自己的文章，并强调道氏理论的权威的时候说道：

"以往研究平均指数而得出的结论，正确的一定比错误的多。如果道氏理论不是根据可靠的科学而来的，那么大多数的结论都会是错误的。"（1919 年 8 月 8 日）

汉密尔顿常常会在文章中让他的读者在激烈的次级调整运动开始之后买入股票。他这样写道：

"……最后的打算就是不超过法国的那句老话'后退是想能够向前跳得更远'。"（1911 年 7 月 14 日）

汉密尔顿预测次级调整运动的能力很强，而他那些相信这点的读者，只要看到这句话经常出现，就会知道这是他在提醒大家价格将会继续上涨。

1924 年至 1929 年中，汉密尔顿评论投机行为过度和投资行为扩大的现象。他看到股票的发行范围越来越大。持有绩优股

的人数不断增多，全国人民都在进行疯狂的投机，但以往这样
的投机只发生在那几个金融中心。他是为数不多的几个人中的
一个，预测到未来市场将会出现大恐慌。以下这些内容都节选
自他于 1925 年所写的评论文章中，而这些意思基本一样的内容，
也出现在 1929 年股票市场灾难性的暴跌时：

"如果突发事件影响了大家的信心，就会引起全国各地的抛
售行为，华尔街也无法和往常一样准确地计算出关于仓位的相
关信息，因为往常大多数的仓位都在纽约进行交易。"（1925 年
3 月 9 日）

那些在 1929 年的灾难性暴跌中被套牢的人，会深刻理解汉
密尔顿这些话中所富有的智慧。

有些读者经常给《华尔街日报》的编辑写较长的信，信中
会写到关于他们自己通过实践而得到的一些他们觉得是正确的
结论或规则。对于这种情况，汉密尔顿经常以一名《华尔街日报》
的编辑的身份回信道：

"这句很有意义的话经常会被提到，死板地理解走势图、系统或一些规则，将会带来毁灭。"（1909 年 3 月 17 日）

道氏理论的使用者一定会用到走势图，这个就和账目和银行的关系一样，是必不可少的。而道氏理论的研究者一定要知道如何克制自己，以免得出死板的结论或规则。大家都明白，市场一定不会像我们预测的那样去运动。汉密尔顿说：

"假如市场根据我们所预测的那样去运动，那将会是一件非常恐怖的事情。"（1906 年 5 月 19 日）

有一次，在牛市的激进阶段，市场中充满着投机，汉密尔顿这样提醒读者道：

"各种媒体都在报道，6 个月后大牛市将会开始。但到目前来看，现在小心派发的那些诱饵，还没有钓到足够的鱼。"（1909 年 12 月 20 日）

更有意思的是，这段话正好是写在牛市形成顶点的几天以前，很明显，汉密尔顿发现了那些傻瓜已经充当了那些鱼，咬住了那些诱饵，而这些诱饵是他们消化不了的。

还有一回，他这样写道：

"……根据长久的经验，最好的买入理由就是它外表在迷惑我们。所谓的'内部抛售'就是一个可以做多的依据。别人不会在自己想抛售大量股票的同时，还大张旗鼓地告诉所有人。"（1923 年 1 月 16 日）

通过这点可以看出新闻消息常常欺骗我们。1930 年至1931年的时候，如果汉密尔顿还活着的话，或许他就会提醒大家不要去被那些诱饵所骗，将股价抬高，是那些持有大量股票的人的唯一手段。

"……道·琼斯平均价格指数有一种和别的预测不同的能力，但它并不能每时每刻都给出预测。"（1925 年 12 月 17 日）

这个针对那些高收费的咨询公司给出的有意义的鞭策。

"……每一名交易者都清楚，在自己预测正确的方向上进行交易，比如在一个 100 点的上涨过程中，他以他浮动的利润进行加仓，这样，一点小小的下跌就能使他处在不利的位置。而他经常会看到，如果在顶部以金字塔加仓的方式交易，仅仅一个较小的调整出现，就会吞没他全部的利润……"（1928 年 12 月 12 日）

"华尔街里经常会说，在牛市中是没有任何新闻消息的，只要一只股票公布了它上涨原因的话，这就表明它的上涨马上就结束了。"（1912 年 4 月 1 日）

有一次在熊市的时候，政治家正在批评华尔街的投机行为时，汉密尔顿怒道："上帝啊，难道我们……看看市场以往的历史数据，哪次纽约股市没有提前向大家发出信号，提前告诉大家危险将要到来。"（1924 年 11 月 12 日）

在《股市晴雨表》中，汉密尔顿说："有大量的事实可以证明，那些在华尔街赔钱的人，都是由于他们正确得提前了一些。"

"不可能会有大家所说的正常的市场。"（1911 年 5 月 4 日）

"现在任何人都在进行着投机交易，而且从多年以来的经验来看，业余人士对市场的预测，一定和专业人士对市场的预测无法比较。"（1928 年 12 月 8 日）

《华尔街日报》不对每年市场的运动进行预测，不像其他报刊那样。汉密尔顿经常批评预测每年市场运动的报刊：

"总结一定要比预测更好。新年还没过一个星期的时候，每年的预测就会被大家遗忘了。"（1929 年 1 月 1 日）

1922 年 5 月，到处都充斥着看空的气氛，大家听到了关于大财团正在抛售股票的小道消息，价格上涨的速度快得不正常。《华尔街日报》一直都没有过类似的行为，出于警告读者的目的，汉密尔顿这样说道：

"……大家所知道的大财团……一般是不会在通知大家的情况下抛售股票的。"（1922 年 5 月 22 日）

之后最有意思的事情就是市场在持续上涨大约 5 个月的时间里，竟然没有出现过一次较大的次级调整运动。

"当一个人进行投机的时候，选错了股票；或者更坏的是选对了股票，但选错了买入时机。他肯定总是把自己的错误推给别人。他并没有把股市当成国家经济的晴雨表。他觉得，可以先理解这个晴雨表，然后再去了解国家经济，甚至不需要知道国家经济就可以获利。实在没有办法说服他将这个顺序反过来……"（1923 年 7 月 30 日）

"投机者……不要对任何股票抱有期望。除非该股逆总体趋势上涨，这是一种极端特殊的情况。"

汉密尔顿曾对投机行为的道德问题这样发表自己的看法："……我的观点是，投机行为本来就没有任何道德方面的问题，至少投机还没堕落到拿别人的钱财去赌博。"

那些一直要求能够经常得到一些操作建议的读者来信，让汉密尔顿感到厌烦，他会长时间拒绝给出关于市场的建议，并这么说："我没有和巴布森先生较量的意思，或者是和那些低级预测家比较。由于《华尔街日报》上的一些评论被当作了小道消息，所以我们不再继续这样做了。"

如果可以统计出，究竟有多少人听取了汉密尔顿逝世前最后几周的价格预测一定会非常有意思。1929 年 10 月 26 日，汉密尔顿说："截至现在，通过观察股市晴雨表——道·琼斯平均价格指数，上个星期三（10 月 23 日）就已经清楚地表明，市场的主要运动转为向下运行了……"

罗宾金融交易学院

罗宾金融交易学院
ROBIN FINANCIAL TRADING COLLEGE

实战系列课程

《罗宾股票操盘手实盘班》

罗宾股票操盘手特训的内容是根据罗宾老师及其团队的多年实战经验，同时结合国内股票市场行情特点而打造的特色课程。罗宾股票课程注重实战经验，而不是泛泛其谈的教条式教学。不管您是初学还是老手，在我们的课程中都会让您在交易技术和经验上有质的飞跃！

课程精要：

1. 牛市与熊市的识别技巧
2. 大盘指数的分析技巧
3. 炒股亏损的原因
4. 摈弃散户思维
5. 板块选择的技巧
6. 选股的技巧
7. 数浪的技巧
8. 趋势线的实战应用
9. 通道线的实战应用
10. 黄金分割的实战应用
11. 多周期结合交易实战应用
12. 捕捉个股的起涨点

13. 捕捉牛股的主升浪
14. 稳定获利的买点
15. 落袋为安的卖点
16. 成交量的实战应用
17. 牛市中的操盘技巧
18. 熊市中的操盘技巧
19. 金字塔仓位管理法
20. 止损的技巧
21. 交易纪律与执行
22. 心态管理法则
23. 风险控制策略

课程咨询电话：400-673-6158

联系人：杨老师

QQ：1416814011

《罗宾股票短线狙击手实盘特训班》

课程精要:

1. 短线狙击的盈利模式
2. 牛熊与指数分析技巧
3. 短线狙击亏损的原因
4. 短线狙击的看盘要点
5. 短线狙击的选股技巧
6. 概念题材炒作热点分析
7. 龙头股的识别技巧
8. 短线狙击的通道线技术
9. 短线狙击的成交量实战

10. 短线狙击的买入技巧
11. 短线狙击的卖出技巧
12. 涨停板分析技巧
13. 短线的多周期实战技巧
14. 短线的仓位管理技巧
15. 短线狙击的止损技巧
16. 短线狙击的交易纪律与执行
17. 短线狙击的心态管理法则
18. 短线狙击的风险控制策略

课程咨询电话: 400-673-6158
联系人: 杨老师
QQ: 1416814011

《股票课程唐谷: 发现强势股, 天天小牛市》
课程简介

1. 恃强凌弱: 股市赢家的赚钱法宝
2. 超越大盘: 强势股和大盘指数关系
3. 蜡炬成灰: 古老蜡烛图(K线)的神奇作用
4. 多空有道: 最有效的多空、牛熊判定指标
5. 指标之王: MACD指标操盘强势股绝招
6. 一线生死: 掌控主力生死命脉
7. 量价互搏: 量能是强势股的重要判定标准
8. 盘口乾坤: 强势股盘口分析技巧
9. 猎杀龙头: 强势股买入时机选择
10. 见好就收: 强势股卖出时机选择
11. 留得青山: 强势股止损方法

12. 玩转 T+0：强势股盘中买卖技巧

13. 牛股有道（一）：短线翻倍强势股选股技巧

14. 牛股有道（二）：中线翻 3 倍强势股选股技巧

15. 牛股有道（三）：长线翻 5 倍以上强势股选股技巧

16. 历史重现：强势股"股性"研判

17. 全仓龙头：强势股仓位控制要点

18. 强势心态：股市如此险恶，你要内心强大

19. 牛股基因：强势股案例详解

20. 股市箴言：近 20 年股市实战总结的散户守则

课程咨询电话：400-673-6158

联系人：杨老师

QQ：1416814011

《罗宾交易实盘培训之黄金外汇》课程介绍

课程精要：

1. 主力思维的重要性

2. 交易亏损的原因

3. 多周期分析技巧

4. 趋势与无趋势的识别技巧

5. 主浪与调整浪识别技巧

6. 标准数浪的技巧

7. 通道的形成原理与实战奥妙

8. 大通道的画法与应用

9. 小通道的画法与应用

10. 高概率通道战法的实战核心

11. 菲波的核心参数与技术应用

12. K 线技术的误区与核心

13. 共振的原理与实战技巧

14. 不同技术分析工具的共振

15. 不同周期级别买卖点的共振

16. 左侧交易与右侧交易优劣势分析

17. 消息面的筛选技巧

18. 止损的实战应用技巧

19. 心态管理与交易执行

课程咨询电话：400-673-6158

联系人：杨老师

QQ：1416814011

《罗宾量化趋势交易实盘培训》课程介绍

1. 道术法
2. 空杯心态
3. 交易亏损的六大原因
4. 多周期分析的必要性
5. 趋势交易的模式
6. 三周期波段交易
7. 态势位交易
8. 主力思维的转变
9. 趋势分类
10. 行情运行的节奏
11. 数浪
12. 主调识别
13. 趋势线的画法
14. 通道线
15. FIBO工具
16. 研判趋势方向
17. 多周期（一）
18. 多周期（二）
19. 管理风险
20. 什么时候需要止损
21. 共振位置
22. 交易信号
23. 浮亏与浮盈
24. 确立如何交易
25. 量化理论

课程咨询电话：400-673-6158
联系人：杨老师
QQ：1416814011

《罗宾股指期货交易实盘培训》课程介绍

1. 股指期货盈利模式解析
2. 股指行情运行规律解密
3. 左侧交易与右侧交易
4. 趋势通道线画法与实战技巧（一）
5. 趋势通道线画法与实战技巧（二）
6. 画线实战训练
7. 黄金分割实战技术
8. 形态位置分析技巧
9. 辅助技术及指标解析
10. 日内交易操作技巧
11. 寻找最佳入市点
12. 寻找最佳出场点
13. 止损的设置实战应用
14. 仓位管理的实战技巧
15. 大盘指数分析技巧
16. 多周期实战要点
17. 画线与行情分析训练
18. 复盘练习训练
19. 实盘分析与实战训练
20. 实盘分析与实战训练
21. 盘后总结与座谈交流

课程咨询电话：400-673-6158
联系人：杨老师
QQ：1416814011